AF140520

Es ist nicht genug zu wissen, man
muss es auch anwenden;
Es ist nicht genug zu wollen, man
muss es auch tun.
-Johann Wolfgang von Goethe-

Sven Scharly

Der Erfolgsfaktor

Was im Unternehmen für den Erfolg wirklich
verantwortlich ist

(ein ganz gewöhnlicher Business Roman)

Bibliografische Information der Deutschen Nationalbibliothek:
Die Deutsche Nationalbibliothek verzeichnet diese Pub-
likation in der Deutschen Nationalbibliografie; detaillierte bibliografische Daten sind im Internet über
http://dnb.dnb.de abrufbar.

1. Auflage
© 2014 Sven Scharly

Herstellung und Verlag:
BoD – Books on Demand, Norderstedt

ISBN:978-3-7357-7761-4

Vorwort des Autors

Ich begrüße Sie zu meinem ersten Buch, der Erfolgsfaktor. Der Erfolg ist oberstes Ziel eines Unternehmens und viele Unternehmen sind durchaus sehr erfolgreich. Aber was zeichnet die Erfolgreichen aus und könnten Unternehmen noch erfolgreicher sein, als sie ohnehin schon sind?

Mit dieser Frage beschäftige ich mich schon viele Jahre. In dieser Zeit habe ich zahlreiche Gespräche mit Geschäftsführern, Führungskräften und Mitarbeitern geführt. Das Ergebnis meiner Erkenntnisse möchte ich nun mit Ihnen teilen.

Folgen Sie mir in die fiktive Geschichte dieses Buches. Alle Figuren, die Handlung und die Orte dieses Romans sind frei erfunden und doch lässt es sich wohl kaum vermeiden, dass Sie beim Lesen Parallelen entdecken werden.

Ich wünsche Ihnen einige interessante, erkenntnisreiche und vor allem schöne Stunden.

Ihr Sven Scharly

1

Morgens schon die warmen Sonnenstrahlen der Junisonne auf der Haut zu spüren ist einfach etwas Tolles. So sollte jeder Tag beginnen. Auf dem Weg zum Auto genieße ich dieses Gefühl der Wärme. Auch den Blumen im Garten scheint die Wärme zu gefallen, sonst würden sie wohl nicht so farbenprächtig blühen. Selbst die Sonnenblume, die meine Tochter unbedingt im Garten haben wollte, wird von Tag zu Tag größer. Bis diese blüht wird aber wohl noch eine ganze Zeit vergehen. Zurzeit scheint alles zu passen, der Beruf, die Familie, alles.

„Konstantin, warte! Kannst Du die Kinder in die Schule mitnehmen, wenn Du ins Büro fährst?", ruft meine Frau Olivia. „Ich möchte vor der Arbeit noch ins Fitnessstudio."

„Klar. Aber dann los Nate und Selina, sonst komme ich zu spät. Dir viel Spaß im Studio.", antworte ich.

Wie zwei Pfeile kommen die beiden aus dem Haus geschossen. Wenn ich Nate mit seinen 10 Jahren auf mich zu rennen sehe, bemerke ich wie groß er doch schon ist. Im Verhältnis zu seiner drei Jahre jüngeren Schwester ist er im wahrsten Sinn des Wortes der große Bruder. Die beiden steuern zielstrebig die hinteren Türen von meinem neuen Firmenwagen an. Noch kurz anschnallen und los geht's. Die Schule liegt auf dem Weg. An der Schule angekommen halte ich unmittelbar vor dem Haupteingang. Nate und Selina öffnen das Gurtschloss und so schnell wie die beiden im Auto waren, so schnell sind sie auch schon wieder weg. „Einen schönen Tag", kann ich den beiden nur noch hinterher rufen. Alleine im Auto kann ich mich nun auf meinen Tag konzentrieren. Immerhin bin ich erst seit sechs Wochen in meiner neuen Position tätig. Nach kurzer Fahrt erreiche ich auch schon die Einfahrt zum Firmengelände, gerade noch pünktlich zu meiner 8.30 Uhr Besprechung. Kaum aus dem Auto ausgestiegen spüre ich wieder die wohlige Wärme der Sonnenstrahlen. Ein positiver Tag nimmt seinen Lauf.

„Guten Morgen Konstantin", ruft mir Eduard entgegen.

„Guten Morgen", erwidere ich.

Eduard hat, wie immer, seinen Arbeitsmantel an. Dieser ist sein unverkennbares Markenzeichen. Selbst in Kundenbesprechungen erscheint er so gekleidet. Auch außenstehende erkennen unweigerlich, dass Eduard ein langjähriger Mitarbeiter ist, so verwaschen ist der graue Arbeitsmantel. Eddy, wie ich ihn inzwischen nenne, wurde in dieser kurzen Zeit einer meiner engsten Vertrauten. Da er Produktionsleiter ist, hatte ich von der ersten Sekunde an einen Draht zu ihm. Wir verstehen uns einfach. Allerdings musste ich auch feststellen, dass er nicht gerade die Innovation in Person ist. Mit seinen 52 Lebensjahren und seinem enormen Wissen ist er vielleicht ein klein wenig zu sehr von sich überzeugt. Ich folge ihm, da wir in dieselbe Sitzung gehen. Im selben Moment stößt hinter uns, von einem seitlichen Gang, unbemerkt eine weitere Person zu uns und begrüßt uns beide.

„Hallo Quintus, na was macht die Qualität?", frage ich nach hinten.

„Es läuft wie immer. Aber ich will nicht zu viel verraten, sonst habe ich in der Sitzung nichts mehr zu sagen!", erwidert er.

„Es läuft wie immer gut, wolltest Du wohl sagen.", mischt sich Eduard grinsend ein.

„Mehr oder weniger. Mehr oder weniger, Eddy.", gibt Quintus zum Besten.

„Ok, wir sollten wohl damit wirklich bis zur Sitzung warten, sonst kriegt Ulli wieder nur die Hälfte mit.", bremse ich die beiden.

Mit diesen Worten biegen wir in die Zielgerade Richtung Besprechungszimmer. Quintus überholt mit eiligem Schritt und öffnet die weiße, schwere Tür in den Raum. Ulli steht bereits am Beamer und macht alles für unsere Besprechung bereit. Als Vertriebsleiterin ist Sie, wie immer, sehr auf ihr Äußeres bedacht. Auch heute hat Sie wieder ein Kostüm an, das ihr 10 Punkte auf der Richterskala einbringt. Vor Allem im Vergleich zu den beiden Herren, die eben eher technisch veranlagt sind. Neben dem Arbeitsmantel von Eddy ist auch das ausgewaschene T-Shirt von Quintus mit dem Aufdruck *des Wahnsinns fette Beute* nicht unbedingt salonfähig. Da die beiden außerhalb des Unternehmens keinen Kontakt haben, ist mir ihre Kompetenz aber wichtiger als das Aussehen. Nachdem wir uns alle hingesetzt haben streift mein Blick im Zimmer umher. Obwohl ich inzwischen schon viele Male in diesem Raum saß entdecke ich immer wieder Neues und frage mich, ob ich es bisher übersehen habe oder ob etwas hinzugekommen ist. Heute fällt mir sofort eine Vase auf einer Vitrine auf. Die Glasvitrine mit unseren Produkten darin hatte ich schon oft gesehen, die Vase ist mir aber neu.

„So, guten Morgen die Herren, wir haben ein Problem!", reißt mich Ulli aus meinen Gedanken. „Ich bekomme immer mehr böse Anrufe und E-Mails von Kunden, obwohl mir in dieser Sitzung jeden Morgen erzählt wird, dass alles halb so wild ist." Nach einer kurzen Pause führt Ulli weiter aus: „Es kann doch nicht sein, dass wir uns selbst in dieser Besprechung wunderschöne Bilder malen, aber das, was der Kunde sieht eine dunkelgraue Regenlandschaft ist.".

„Nun mal langsam, dunkelgraue Regenlandschaft. Wir bringen die Zahlen auf den Tisch, die wir haben!", verteidigt sich Eddy.

„Genau. Ich habe nie wunderschöne Bilder gemalt. Ich sage seit Wochen, dass wir in Sachen Qualität nicht gerade obenauf sind", rechtfertigt sich auch Quintus.

„Willst Du also auch sagen, wir von der Fertigung sind schuld? Die Fertigung ist an den Terminen schuld, die Fertigung hat schlechte Qualität, immer ist es die Fertigung!", erwidert Eddy, inzwischen recht aufgebracht.

„STOP!", schiebe ich mich zwischen die Streithähne. „Zuerst einmal ist niemand an irgendetwas Schuld. Aber wenn Ulli solch ein Feedback vom Markt bekommt, müssen wir der Sache nachgehen."

„So ist es", bestätigt Ulli. „Ich kann die Lieferverzögerungen ja bei jedem Kunden belegen und auch die

Reklamationen sollten doch erfasst werden. Aber ich habe es schon immer gesagt, LEAN Management, Engpasstheorie, so ein Quatsch. Ich wusste es von Anfang an."

Ich fühle mich, als würde ich die Kontrolle gänzlich verlieren, wenn ich nicht irgendetwas tue. Der Tag hatte so gut angefangen und nun das. Für eine Sekunde ziehe ich mich in meine Gedankenwelt zurück und spiele verschiedene Szenarien in meinem Kopf durch.

„Leute, hören wir auf so unproduktiv zu streiten.", nehme ich das Gespräch wieder an mich. „Die Frage ist doch nun, welche Daten wir sammeln müssen, was wir analysieren und welche Maßnahmen wir ableiten sollten. Also was schlagt Ihr vor?"

Eddy, der sich offensichtlich angegriffen fühlt, macht weiter: „Daten sammeln? Analysieren? Ist doch eh alles klar. Die Fertigung ist schuld. Unsere Lean Offensive ist Quatsch und die Engpässe auch. Was sollen wir analysieren?"

„Aber so ist es doch auch! Mache ich vom Vertrieb die Qualität? Nein, ich verkaufe nur den Schrott, den wir produzieren! Von den Terminen ganz zu schweigen", kontert Ulli mit deutlichen Worten.

Bevor die Situation weiter eskaliert, schalte ich mich wieder ein: „Jetzt ist es genug. Offenbar sind hier einige Emotionen im Raum. Wir sollten diese Besprechung vertagen. Macht euch mal Gedanken und wir besprechen das morgen in aller Ruhe. Eddy, bleibst Du bitte noch da?"

Die beiden anderen verlassen den Raum. Eddy, der sich inzwischen etwas zu trinken eingeschenkt hat, sitzt sichtlich angefressen da. Ich stehe auf, gehe zu ihm rüber und setzte mich auf den Stuhl zu seiner Rechten.

„Eddy, Du darfst dich nicht immer direkt angesprochen fühlen. Natürlich verstehe ich dich, aber versuch auch Ulli zu verstehen. Sie bekommt den Druck vom Kunden ab. Wir alle zusammen müssen das Unternehmen erfolgreich machen. Die Inhaber erwarten das von mir und damit von uns. Ich kann das nicht alleine. Ich brauche dich und die Anderen.", versuche ich ihn aufzubauen.

„Ja, aber ich kann nicht alles machen. Natürlich machen meine Mitarbeiter ab und zu mal schlechte Teile. Aber wir sind eine Produktion, da passiert so etwas eben. Und natürlich werden auch Termine nicht eingehalten. Aber genau aus diesen beiden Gründen haben wir unsere Lean Offensive gestartet und wir sind besser als früher, das ist sicher. Auch die Engpassbetrachtung hat geholfen. Unsere Kennzahlen sind viel besser geworden. Der Vergleich in unserer Engpass-Präsentation zeigt das deutlich. Erst vor kurzem haben wir die Qualität ganz oben auf die Agenda gesetzt und auch hier haben wir deutliche Verbesserungen erzielt. Ich weiß nicht was ich sonst noch machen soll.", lenkt Eddy ein.

„Das ist doch toll.", bestätige ich ihn. „Dann sind wir ja auf dem richtigen Weg. Ich bin sicher, wenn wir Morgen normal über das Thema sprechen und konstruktiv zusammen sitzen, werden wir doch wohl eine

Lösung finden. Wichtig ist nur, dass wir die Emotionen raus lassen. Kriegst du das hin?"

„Sicher doch", antwortet Eddy deutlich ruhiger und trinkt sein Glas leer.

Mit dieser Antwort kann ich zufrieden sein. Ich beende das Gespräch und verlasse, zusammen mit Eddy, den Besprechungsraum. Zielstrebig steuere ich auf die Kaffeeküche zu. Ich brauche jetzt dringend einen Kaffee. Das Gespräch kann ich noch nicht ganz vergessen. So hatte es in den letzten sechs Wochen noch nicht gekracht. Es ist unglaublich, wie schnell und heftig sich Emotionen entladen können. Im nächsten Moment erinnere ich mich wieder an die warmen Sonnenstrahlen auf der Haut, wie schnell ein Tag doch sein Gesicht ändern kann. Mit diesem Gedanken und einer Tasse in der Hand mache ich mich auf den Weg in mein Büro, schließlich wartet dort auch noch ein Berg voll Arbeit.

Bevor ich mein Büro gehe begrüße ich Emilia, meine Sekretärin, und unterhalte mich noch kurz mit ihr. Bis ich mich von dem Gespräch los reißen kann ist mein Kaffee schon fast wieder leer. Von der Tür blicke ich auf mein Büro und meine Stimmung heitert sich unmittelbar auf. Es ist ein gutes Gefühl, wenn man ein Etappenziel geschafft hat. Geschäftsführer war schon immer mein Traum und nun stehe ich in der Tür von MEINEM Büro. Mein Blick schweift umher. Auf dem modernen Schreitisch mit weißen Rahmen und einer Glasplatte stehen einige Bilder von meiner Familie, die ich von meiner jetzigen Position nur auf der Rückseite sehe. Daneben das neue Notebook mit der Funkmaus und ein Stapel Papiere, die ich heute bearbeiten muss. In diesem Moment klingelt das Telefon. Am Klingelton erkenne ich, dass es ein internes Gespräch ist. Ich eile zum Schreibtisch.

Am Schreibtisch angekommen sehe ich auf dem Display, dass Quintus anruft.

„Hallo Quintus. Was gibt's?", frage ich.

„Das war ja heute eine ganz schön heiße Diskussion.", erwidert er.

„Ja das kann man wohl sagen. Aber wie die Emotion so hochkochen konnte verstehe ich nicht ganz. Es war in den ganzen sechs Wochen bisher doch in Ordnung.", antworte ich.

„Herzlich Willkommen hinter den Kulissen. Nun haben sich nur altbekannte Probleme entladen. Dir wird sicherlich nicht langweilig bei uns.", meinte Quintus mit einem Tonfall, der ein Grinsen am anderen Ende vermuten lässt.

„Wolltest Du mir das sagen?", frage ich nach.

„Nun, da unsere Besprechung schneller vorüber war, als ich dachte, habe ich die Zeit genutzt und unsere Zahlen analysiert. Ulli hat Recht, wir sind schlechter geworden.", führt Quintus aus.

„Sollen wir uns nochmal mit den Anderen zusammensetzen und darüber sprechen?", will ich wissen.

„Nein, lass das lieber mal. Die beiden sollen sich abregen. Ich hoffe nur, Ulli bekommt nicht noch mehr solcher E-Mails, sonst geht das Morgen genau gleich weiter.", stellt Quintus in Aussicht.

14

Damit beenden wir das Telefonat. Aber die Nachricht trägt nicht gerade zu einer positiven Stimmung bei. Heute fühle ich mich wie in einer Achterbahn. Ein positiver Tag beginnt, eine Besprechung drückt die Stimmung, mein Büro gibt mir wieder Auftrieb und jetzt das Telefonat mit Quintus. Mir wäre fast lieber, er hätte die Information für Morgen zurückbehalten. Egal, ich muss einen klaren Kopf behalten. Die Themen, die Ulli auf den Tisch brachte sind weitreichend, selbst wenn diese nur im Ansatz stimmen. Für Morgen muss ich mir einen Überblick verschaffen.

„Emilia? Ich muss in die Fertigung und werde wohl den ganzen Tag unten sein.", mit diesen Worten an meine Sekretärin verabschiede ich mich und mache mich auf den Weg.

Als ich das Treppenhaus betrete merke ich zum ersten Mal, wie karg es eigentlich aussieht. Einige Bilder sollen die grauen Wände wohl freundlicher erscheinen lassen. Gelungen ist dies jedoch nicht. Das muss unbedingt geändert werden, aber eigentlich habe ich für diese Gedanken keine Zeit. Es gilt andere Dinge zu klären. Durch eine große, schwere Stahltüre erreiche ich die Produktion. Unmittelbar nach dem Öffnen der Türe dröhnt mir Produktionslärm entgegen. Als ich die Türe passiere zieht mir auch der typische Geruch einer Metallfertigung in die Nase. Der Geruch von Schmiermittel, bearbeitetem Stahl und harter Arbeit. Als ehemaliger Produktionsleiter ist mir dies nur zu gut bekannt. Hier fühle ich mich wohl. Aber wo genau will eigentlich hin? Ein Produktionsmitarbeiter, der schon viele Jahre im

Unternehmen arbeitet, der würde mir sicherlich Auskunft geben können. Aber ich muss mir selbst eingestehen, dass ich in dieser Fertigung noch nicht so viel Zeit verbracht hatte, wie ich sollte. Nach kurzem Überlegen greife ich in meine Tasche und hole mein Telefon heraus. Was war doch gleich noch die Telefonnummer der Personalabteilung? Auch mit den neuen Nummern habe ich noch so meine Probleme, aber nach diesen wenigen Wochen ist das wohl normal. 39, das müsste die richtige sein. Gedacht, gewählt und auf dem Display erscheint Frau Neisinger / Disposition. Ich denke *so ein Mist, jetzt habe ich mich noch verwählt* und im selben Moment ertönt eine freundliche Stimme am anderen Ende: „Hallo? Neisinger am Apparat."

„Hallo Frau Neisinger hier ist Single. Wir hatten noch nicht sehr viel Kontakt, ich bin der neue Geschäftsführer.", antworte ich. „Eigentlich wollte ich die Personalabteilung, aber wenn ich so darüber nachdenke können Sie mir vielleicht auch weiterhelfen."

„Gerne, wenn ich kann", entgegnet Frau Neisinger.

„Ich möchte gerne mit einem Fertigungsmitarbeiter sprechen, der schon lange dabei ist. Also einer, der weiß wie hier früher gearbeitet wurde, was verändert wurde und vor Allem, wie es heute läuft. Können Sie mir einen Namen nennen?", stelle ich direkt meine Frage.

„Klar. Gehen Sie am besten in die CNC-Weiterbearbeitung. An den Maschinen arbeitet Herr Zeiser, Norbert Zeiser. Anfang 50, aber eine sehr stattliche Figur. Den können Sie nicht verfehlen.", antwortet Frau Neisinger hilfsbereit.

„Dankeschön Frau Neisinger, ich werde mir die Nummer 39 merken. Unter dieser Nummer scheint man kompetent beraten zu werden", streue ich ein Kompliment in das nette Telefonat. „Danke und weiter frohes Schaffen".

„Na dafür sind wir doch da.", kommt die Antwort. „Ihnen auch noch einen schönen Tag, Herr Single."

Also mein Weg führt in die CNC-Weiterbearbeitung. Noch ist mir die Struktur der Fertigung nicht ganz klar und so irre ich relativ planlos durch die Gänge. Offensichtlich rächt es sich, dass ich zu selten hier unten bin. Wenige Augenblicke später vibriert mein Telefon in der Tasche. Auf dem Display kann ich erkennen, dass es ein Telefonat vom einem der Firmeninhaber ist, welches mir Emilia weitergeleitet hat. Ich kenne zwar noch nicht alle Nummern, aber die Nummer des Inhabers ist mir wohlbekannt.

„Single hier, Hallo Herr Iwersen.", melde ich mich.

„Hallo Herr Single, wir müssen reden!", antwortet Herr Iwersen mit einem leichten Unterton.

„Warten Sie, ich bin gerade in der Fertigung und suche mir ein ruhiges Plätzchen", entgegne ich und mache mich auf den Weg aus der Fertigung.

Mit einem Grollen, das an ein starkes Gewitter erinnert, schlägt die schwere Stahltür hinter mir zu und der Fertigungslärm ist wie abgeschnitten.

„Jetzt bin ich im Treppenhaus. Herr Iwersen, wie kann ich helfen?", melde ich mich erneut.

„Meine Cousins und ich haben die Quartalszahlen erhalten. Diese sind nicht ganz so wie erhofft. Zwar kann ich Ihnen hierfür keine Schuld geben, dazu sind Sie zu kurz mit dabei, aber Sie müssen was unternehmen!", tönt es mit vorwurfsvoller Stimme vom anderen Ende.

„Ja, die Zahlen habe ich natürlich auch gesehen und auch ich bin nicht zufrieden. Ohnehin hatte ich heute ein Gespräch an dem unter anderem Ulli, ich meine Frau Kaiser, teilgenommen hat. Es gibt offensichtlich einige Baustellen, aber ich bin dran.", erwidere ich.

„Schön, aber ich möchte Sie bitten Ihren Bemühungen etwas Nachdruck zu verleihen. Noch so ein Quartal möchten wir nicht sehen. Sie wissen ja, wir haben uns aus der Geschäftsführung komplett zurückgezogen und zahlen Ihnen ein kleines Vermögen, dafür wollen wir auch etwas sehen", lässt Herr Iwersen nicht locker.

„Das ist mir bewusst, aber Rom wurde nicht an einem Tag erbaut. Ich muss erst herausfinden, wo das Problem liegt und dann kann ich handeln.", erwidere ich weiter.

„Wissen Sie was? Ich komme vorbei, geben Sie mir 30 Minuten. Wir sollten unter vier Augen sprechen!", wird mir mitgeteilt.

„Alles klar, wenn Sie dies für hilfreich erachten, werde ich Sie erwarten", antworte ich. „Bis nachher."

Da ich eh schon im Treppenhaus bin, mache ich mich wieder auf den Weg nach oben in die Verwaltung. Mir erschließt sich die Notwendigkeit des Besuchs zwar nicht, aber in den ersten sechs Wochen wäre es wohl der falsche Weg, sich die Inhaberfamilie zum Feind zu machen. Immerhin hatte ich sie soweit überzeugt, dass ich unter vielen Bewerbern, erstmals in der Firmengeschichte, als externer zum Geschäftsführer ernannt wurde.

Oben angekommen lasse ich Emilia das Besprechungszimmer vorbereiten. Gebäck und Kaffee, sowie Kaltgetränke, sollten Herrn Iwersen etwas versöhnlich stimmen. Da ich für die Situation nicht verantwortlich bin, erwarte ich ein entspanntes Gespräch. Auch wenn er einen komischen Unterton in der Stimme hatte. Nach einiger Zeit des Wartens höre ich, wie Emilia jemanden begrüßt. Das muss er sein.

„Hallo Herr Iwersen, pünktlich wie die Maurer", versuche ich das Eis zu brechen.

„Hallo Herr Single, schön, dass Sie mich bereits erwarten. Verlieren wir keine Zeit!", antwortet Herr Iwersen. Mit seiner imposanten Erscheinung versteht er seinem gegenüber ein komisches Gefühl zu vermitteln. Zumindest bei mir wirkt es.

„Leider kann ich Ihnen noch nicht mehr bieten, als ich am Telefon schon erwähnt habe. Ich bin dran und versuche mir einen Überblick zu verschaffen, um schnellstmöglich reagieren zu können", führe ich das Gespräch fort.

„Ja, das glaube ich Ihnen, aber wissen Sie, ich habe das Gespräch unter vier Augen nicht umsonst einberufen. Ich verstehe Sie, Sie können nicht zaubern, ich will jedoch ehrlich mit Ihnen sein. Wir, als Inhaber, haben zu lange gewartet bis wir erkannt haben, dass wir externe Hilfe benötigen.", beginnt Herr Iwersen zu erklären. Er fährt fort: „Und Sie müssen das jetzt ausbaden. Die anderen Familienmitglieder sind schon seit Monaten ungeduldig. Sie als Geschäftsführer zu berufen hat zwar kurzfristig für Ruhe gesorgt, jedoch ist der Quartalsbericht, den wir diese Woche erhalten haben, wieder Wasser auf die Mühlräder gewesen. Ich möchte Sie nicht unter Druck setzen, aber Sie sollten wissen, dass es in der Familie bereits Stimmen gibt, die verkaufen wollen. Sie haben also nicht endlos Zeit, es muss etwas passieren. Ein halbes Jahr haben Sie. Den nächsten Bericht werde ich noch verteidigen, denn ich halte sehr viel von Ihnen. Aber in einem halben Jahr muss ein positiver Trend zu sehen sein, sonst beuge ich mich der Verwandtschaft."

Solche Nachrichten hatte ich nun wirklich nicht erwartet. Wenn ich gewusst hätte, wie festgefahren die Situation ist, dann wäre ich Betriebsleiter geblieben. Aber nun habe ich mich entschieden und bin Geschäftsführer, nun gibt es nur noch Augen zu und durch.

„Alles klar. Ich habe verstanden. Ich finde es zwar nicht besonders fair, dass mir dies erst nach meinem Antritt eröffnet wird, aber lieber spät als nie. Danke für Ihre offenen Worte.", gebe ich zum Besten.

Für eine weitere halbe Stunde erläutert mir Herr Iwersen die Situation des Unternehmens aus seiner Sicht. Einige interessante Aspekte werden hierbei zu Tage gefördert. Auch einige Selbstvorwürfe, die seine Position verteidigen sollen, sind dabei. Alles in Allem aber nichts, was mir in dieser verfahrenen Situation wirklich hilft. Tief in Gedanken versunken gebe ich zwar einige höfliche Bestätigungen als Antwort, aber in

Wirklichkeit nehme ich nicht mehr alles auf, was mir Herr Iwersen erzählt. Langsam gibt alles ein Bild. Die Unzufriedenheit von Ulli, der Seitenhieb von Quintus in Richtung Eddy und nun das Gespräch mit dem Inhaber. Nachdem er zum Ende seiner Ausführungen kommt verabschiede ich mich, wie in Trance, von Ihm.

Der ganze Tag ist zu viel. 1000 Gedanken schwirren durch meinen Kopf. Hätte ich diesen Posten annehmen sollen? Würde ich die Wende schaffen? Warum war es soweit gekommen, immerhin ist die Firma ein starkes Unternehmen, beziehungsweise erscheint so. Für heute war es genug. Ich muss raus und erst einmal einen klaren Kopf bekommen.

2

Gegen 17.45 Uhr erreiche ich die Einfahrt zu unserem Grundstück. Durch die große, gläserne Terrassentüre sehe ich, wie meine Kinder sich schwer beschäftigt auf dem Teppich im Esszimmer tummeln. Ein komisches Bild für mich. Immerhin waren die beiden in den letzten sechs Monaten eher wie Feuer und Wasser gewesen. Die drei Jahre Unterschied zwischen den beiden hatten es uns als Eltern zu Beginn einfacher gemacht. Nate konnte bereits die wichtigsten Dinge selbst erledigen als Selina auf die Welt kam. Aber nun, sieben Jahre später, sieht das anders aus.

Als ich den Schlüssel in die große, weiße Eingangstüre stecke höre ich ein Geräusch und schlagartig wird mir alles klar. Das musste der Grund sein, warum sich Nate und Selina auf dem Teppich so gut verstanden. Ich drehe den Schlüssel, öffne die Türe und schon stürmt Selina um die Ecke.

„Papa, Papa!", ruft Sie völlig aufgeregt. „Du glaubst nicht, was Mama heute dabei hatte, als Sie nach Hause kam!".

Obwohl mir längst klar ist, was mich erwartet spiele ich den Ahnungslosen. „Nein, was hat Sie euch denn mitgebracht? Schokolade?", antworte ich ruhig.

„Ach Quatsch, Papa. Einen Hund!", steigert sich meine Tochter in eine totale Euphorie. „Einen Islandhund und er ist so süß!"

„Das ist ja toll, dann habe ich endlich was zum Spazierengehen.", antworte ich mit einem gewissen Unterton. Ich muss gestehen, erfreut bin ich nicht. Gegen einen Hund habe ich nichts, ganz im Gegenteil, aber es ist eben auch eine Arbeit und die bleibt, wie bei so vielem, meist an den Eltern hängen.

„Komm schnell, Du musst ihn unbedingt anschauen!", ruft Selina und zerrt mich ins Esszimmer.

Im Esszimmer angekommen, werde ich von Nate ganz flüchtig begrüßt. Ich scheine heute nicht gerade der Mittelpunkt zu sein. Als ich den kleinen Fellhaufen auf dem Teppich sehe werde ich, im selben Moment, schwach. Ich muss mir selbst eingestehen, dass es ein süßer Kerl ist. Über diese Rasse hatten wir uns schon länger informiert. Ausgewachsen gerade einmal 15kg schwer und mit positivem Charakter ist dies der perfekte Familienhund für uns. Etwas unsicher erkundet er die neue Umgebung. Noch ist er von seinem Endgewicht weit entfernt. Das einzige was darauf einen Hinweis gibt sind seine Pfoten. Diese sind im Welpenalter einfach viel zu groß für den Rest des Körpers. Sein Schwanz auf Halbmast zwischen den Beinen zeigt, dass er sich noch nicht wirklich wohl fühlt. Aber mir würde es wohl in den ersten Stunden auch nicht anders gehen. In diesem Moment biegt Olivia um die Ecke.

Mit freundlicher Stimme begrüßt Sie mich: „Hallo Schatz, na was sagst Du zu unserem neuen Familienmitglied?"

„Er ist sehr süß, das muss ich zugeben. Aber ich bin noch etwas skeptisch, an wem die Arbeit nachher hängen bleibt.", erwidere ich.

„Wir teilen uns die Arbeit fair auf.", meldet sich nun auch Nate zu Wort. Seinem Tonfall zu Folge möchte er meine Zweifel bereits im Keim ersticken.

„Na, da bin ich mal gespannt. Glauben kann ich das aber erst, wenn ich es sehe und erlebe", gebe ich zu bedenken und werfe ihm ein Zwinkern zu.

Mit diesen Worten nähere ich mich dem neuen Familienmitglied, um es zu begrüßen. Mit seinem lieben Blick erobert Henry, wie man ihn getauft hatte, auch mein Herz im Sturm. Nachdem wir uns ausgiebig mit unserem neuen Schützling beschäftigt haben serviert Olivia das Abendessen. Während wir uns das leckere Essen schmecken lassen ist natürlich der Hund das Thema Nummer Eins. Wir einigen uns auf eine gerechte Arbeitsteilung. Während Nate morgens, vor der Schule, mit dem Hund raus geht übernimmt den Mittagsspaziergang Selina und abends werde ich mich mit meiner Frau abwechseln. Das scheint mir tatsächlich eine gute Verteilung zu sein.

„Wollen wir hoffen, dass diese Arbeitsteilung auch so beibehalten wird.", gebe ich erneut zu bedenken. „Ich habe im neuen Job viel zu tun und bin auf euch definitiv angewiesen."

„Na klar kannst Du dich auf uns verlassen. Und die Erziehung übernehmen wir auch!", erwidern Nate und Selina fast zeitgleich. „Weißt du Papa, wir schauen im Fernseher immer einen Hundetrainer an. Von dem haben wir schon ganz viel gelernt und das werden wir unserem Henry alles beibringen."

„Moment, ich glaube was Hunde angeht habe ich am meisten Ahnung.", meldete sich Olivia. „Schließlich hatten euer Opa und eure Oma mehr als nur einen Hund im Laufe der Zeit."

„Toll Mama.", kontert unser kleiner Charmeur gekonnt. „Dann kannst Du uns ja auch noch Tipps geben, zusammen mit den Tipps des Hundetrainers, aus dem Fernseher, werden wir das schon hinbekommen."

Am Ende einigen wir uns darauf, dass wir es auf uns zukommen lassen. So vergeht der Abend, wie im Flug. Um neun schicken Olivia und ich die Kinder ins Bett. Unser neues Familienmitglied macht es uns mit den Beiden aber nicht unbedingt einfacher. Nach der Androhung den Hund nicht zu behalten, geben sie klein bei und machen sich auf den Weg ins Bad und danach ins Bett. Olivia und ich machen es uns noch auf dem Sofa bequem. Mit einem Bier und einem Glas Wein für Olivia erzähle ich von meinem Tag. Sie hört aufmerksam zu und bestärkt mich. Das ist es, was ich an ihr liebe. Wenn noch so große Gewitterwolken aufziehen, Olivia findet immer motivierende Worte. Auch über den Hund und seine Erziehung unterhalten wir uns noch eine ganze Weile. Wir müssen feststellen, dass er hierzu sehr viele Sichtweisen gibt. Welche für uns die Beste ist wissen wir selbst noch nicht. Aber so schwer kann das eigentlich nicht sein.

Um auf andere Gedanken zu kommen ist dieses Gespräch sehr wichtig für mich. Die Situation im Geschäft wird zu Gunsten von Henry verdrängt. Am Ende des Gesprächs angekommen beschließen Olivia und ich ins

Bett zu gehen. Wir sind inzwischen beide sehr müde. Henry beschäftigt mich noch eine ganze Weile und mein letzter Gedanke, bevor ich einschlafe, gehört also unserem neuen Familienmitglied.

3

„Guten Morgen. Es ist fünf Minuten vor halb sechs und wir werden auch heute wieder einen wunderschönen, sonnigen Tag haben. Auf den Straßen ist noch nicht viel los, daher wünsche ich allen Hörern auf diesem Weg einen guten Start in diesen Tag", ertönt der Radiowecker.

Geweckt hat er mich jedoch nicht wirklich, bereits seit einiger Zeit liege ich wach und wälze mich von links nach rechts. Der gestrige Tag beschäftigt meinen Kopf offensichtlich mehr, als ich dachte. Nach diesem Tag im Büro und dem, was wohl die nächsten Wochen auf mich zukommt, ist unser neues Familienmitglied zum denkbar schlechtesten Zeitpunkt gekommen. Aber nun gut, was will ich ändern. Die Gedanken kreisen und irgendwie habe ich das Gefühl noch überhaupt keine klare Richtung zu haben. Da fällt mir ein, gestern hatte ich vor die Fertigungsmitarbeiter zu befragen. Leider wurde das unterbrochen. Da ich diese Informationen vor unserem heutigen Führungsgespräch aber gerne hätte, muss ich wohl früher in die Firma.

„Also hoch mit dir!", sage ich zu mir selbst und mache mich auf den Weg ins Bad. In Gedanken versunken mache ich mich fertig, wandere in die Küche, mache meinen Kaffee und lese die wichtigsten News auf meinem Tablet. Das nächste, was ich bewusst wahrnehme ist, dass ich im Auto sitze und bereits auf dem Weg in die Firma bin.

Im Auto kommt gerade noch ein tolles Lied. Das Display zeigt die Zeit. Es ist kurz vor sieben, als ich auf das Werksgelände einbiege. Mit motiviertem Schritt laufe ich auf den Eingang zu. Bis zur Besprechung habe ich noch etwas über eine Stunde, dann will ich bereits Meinungen aus der Fertigung haben. Ohne meinen üblichen Kaffee betrete ich mein Büro, lege mein Handy und die Geldbörse in meine Schreibtischschublade, schnappe mir mein Telefon und mache mich auf den Weg in die Fertigung. Wie war das noch, in der CNC Weiterbearbeitung sollte ich nach Herrn, hmm, … Herrn. Das gibt's doch nicht. Der Name fällt mir nicht mehr ein und dabei war das Gespräch doch erst gestern. Aber zumindest weiß ich noch, dass er für seine über 50 Jahre eine stattliche Figur hat. Damit sollte er doch wohl zu finden sein. Mit diesem Gedanken marschiere ich durch die Fertigung. Wie auch gestern schon muss ich erkennen, dass mir die Aufteilung der Halle nicht geläufig ist. Aber so groß ist die Halle nun auch wieder nicht. Als ich um eine Ecke biege entdecke ich einige Maschinen, die vom Aufbau her eine CNC Weiterbearbeitung darstellen könnten.

„Hallo, bin ich hier in der CNC Weiterbearbeitung?", frage ich den ersten Mitarbeiter, den ich sehe.

„Ja, das ist richtig. Kann ich Ihnen helfen?", fragt der Mann mit hilfsbereiter Stimme.

„Ich hoffe doch.", erwidere ich. „Ich soll mich an einen Mann wenden, der etwas über 50 ist und eine stattliche Figur hat. Den Namen habe ich leider vergessen."

„Klar, das muss Nobbe sein, den Sie meinen.", antwortet der Mitarbeiter. „Der holt sich gerade einen Kaffee am Automat."

„Dankeschön, dann werde ich dort hin gehen. Ein Kaffee fehlt mir auch noch", bedanke ich mich und mache mich sofort auf den Weg.

Kaffeeautomaten gibt es in der Fertigung nur zwei und einer davon ist ganz in der Nähe. Schon von weitem entdecke ich einen Mann, der auf die Beschreibung passen könnte.

Als ich näher komme rufe ich direkt: „Entschuldigen Sie, sind Sie Nobbe?".

„Ja, der bin ich. Was gibt's denn?", antwortet er.

„Ich bin Herr Single, der neue Geschäftsführer. Wie war nochmal Ihr normaler Name?", erwidere ich.

„Norbert. Norbert Zeiser. Hallo Herr Single, schön, dass wir uns mal persönlich kennenlernen.", entgegnet er.

„Ja, das finde ich auch. Leider bin ich viel zu selten hier unten. Das ist auch der Grund warum ich mit Ihnen sprechen möchte. Einen kleinen Moment, ich brauche auch einen Kaffee", erkläre ich, während ich mein Geld in den Automaten werfe. „Ich hatte gestern ein Meeting mit Fertigung, Qualität und Vertrieb. Was ich da gehört habe hat mich etwas überrascht. Offensichtlich sind wir nicht so gut, wie ich dachte. Kurz um, ich wollte mal eine Meinung aus der Fertigung hören und da hat man mir Sie empfohlen."

„Mich, das ehrt mich. Sie wollen also von mir wissen wie es bei uns so läuft?", gibt er zum Besten, mit einem leichten lächeln. „Sie wollen wirklich hinter die Kulissen blicken?"

„Ich möchte ehrlich zu Ihnen sein. Die Inhaber erwarten, dass die Zahlen des Unternehmens besser werden. Das können wir, also die Belegschaft und ich, auch gemeinsam hinbekommen. Aber dafür muss ich die Wahrheit kennen. Sonst besteht die Gefahr, dass ich am völlig falschen Ende anfange etwas zu verändern.", beginne ich meine Ausführungen.

„Na gut. Dann will ich mal ehrlich sein, aber es wird Ihnen nicht alles gefallen was ich zu erzählen habe.", so Herr Zeiser weiter.

Während der nächsten halben Stunde ergibt sich ein sehr ausführliches Gespräch. Er beginnt vor rund 10 Jahren, als Lean Management eingeführt wurde. Damals mit einer riesigen Euphorie. Es wurde von super Verbesserungen gesprochen. Das Management rühmte sich, unter anderem auch in der Zeitung. Als er dies erwähnt, fällt mir der eingerahmte Zeitungsausschnitt im Eingangsbereich ein. Diesen hatte ich bei meinem ersten Besuch im Unternehmen gesehen und muss gestehen, es las sich sehr gut. Aber die Realität war eine andere. Er berichtet von Veränderungen, die in der Fertigung alles eher komplizierter gemacht hätten. Außerdem von unzufriedenen Mitarbeitern und von größerer Personalfluktuation. Also durchweg von negativen Dingen. Die Zahlen wurden offensichtlich nur auf dem Papier besser. Jetzt, Jahre später, kann man von Lean tatsächlich nicht mehr viel sehen. Er meint, ich solle mir den Spaß machen und wahllos 20 Leute in der Fertigung mit einem

Fragebogen über Lean befragen. Dann würde ich sehen, wie viel Lean noch übrig ist. Dann kam er zu der nächsten Kampagne, Qualitätsoffensive genannt. Diese wurde mit großen Worten angekündigt. Es wurden weitere Qualitätsmitarbeiter eingestellt und alles sollte besser werden. Abläufe wurden standardisiert. Dieselben, die Jahre zuvor unter Lean bereits standardisiert wurden. Seine Frage, ob ich denke, dass wir in der Qualität besser wurden, konnte ich mir schon fast selbst beantworten. Mit seinen offenen Worten erzählte er dann noch von zwei weiteren Kampagnen, die eingeführt wurden und die ein gutes Konzept hatten, von denen heute aber kaum etwas zu sehen ist.

„Wissen Sie Herr Single, hier unten können wir über solche Kampagnen eigentlich nur noch lachen. Wir machen mit und halten uns an die neuen Regeln, aber besser wird es dadurch nicht. Das haben wir schon oft genug erlebt.", kommt Herr Zeiser zum Abschluss.

„Ich danke Ihnen für Ihre ehrlichen Worte, Herr Zeiser. Das ist mir viel Wert. SIE sind mir viel Wert.", erwidere ich. „Sicherlich wird dies nicht das letzte Gespräch gewesen sein."

Als ich auf die Uhr sehe ist es bereits kurz nach Acht. Ich verabschiede mich noch von Herr Zeiser und gehe nach oben. Inzwischen ist natürlich auch Emilia schon im Büro. Mit einem freundlichen Hallo begrüße ich Sie und Sie erwidert. In meinem Büro angekommen schalte ich den Computer ein. Vorher habe ich das Büro so schnell verlassen, dass ich dies noch gar nicht gemacht hatte. Bis zur Besprechung lese und beantworte ich noch einige E-Mails. Allerdings alles keine wichtigen Dinge. Anschließend begebe ich mich ins Besprechungszimmer. Auf dem Weg dorthin lasse ich mir nochmals das Gespräch von gestern und das mit Herrn Zeiser durch den Kopf gehen.

Da ich heute der erste im Besprechungszimmer bin bereite ich alles vor. Ich schalte den Beamer ein. Hole aus dem kleinen, weißen Unterschrank Gläser und Tassen. Nehme das Tablet, welches auf dem Unterschrank steht und gehe zum Kühlschrank am anderen Ende des Besprechungszimmers. Dort entnehme ich ein paar kleine Flaschen Saft und Mineralwasser. So, alles vorbereitet. Wenige Minuten vor halb neun betritt auch Ulli den Raum. Sie scheint immer die Erste zu sein.

„Guten Morgen Ulli. Na alles klar?", begrüße ich Sie.

„Ja, passt schon alles.", antwortet Sie.

„Schön, dann werden wir heute mal schauen, ob wir ein klein wenig weiter kommen. Ich nehme deine Kritik von gestern sehr ernst.", fahre ich fort.

„Das ist auch gut so. Immerhin haben wir alle dasselbe Ziel.", bestätigt Ulli.

In diesem Moment kommen Quintus und Eddy in den Raum. Nach der Begrüßung fordere ich alle auf, heute ruhig und sachlich zu bleiben, um gemeinsam eine Lösung erarbeiten zu können. Alle stimmen zu. Während wir für alle noch Kaffee aus der Maschine lassen, verlieren wir keine Zeit und steigen direkt ins Thema ein.

„Also, ich habe mir nochmal die Zahlen der letzten Zeit angeschaut. Unsere Qualitätszahlen schwanken stark. Es sind aber keine systemischen Fehler, alles ist auf den Mensch zurück zu führen. Andere Firmen haben auch Mitarbeiter, ich bin also sicher, die sind auch nicht besser und kämpfen mit denselben Problemen. Unsere Kundenreklamationen konnten durch die Einführung mehrere Qualitätsschleusen, jedenfalls signifikant verringert werden.", beginnt Quintus mit einer Verteidigung.

„Auch ich war nicht untätig. Unsere Fertigung ist produktiver denn je. Wir haben eine höhere Maschinenauslastung. Also auch von unserer Seite aus kann ich keine Probleme entdecken.", fügt Eddy hinzu.

„Das klingt ja schön und gut. Die Kennzahlen kenne ich auch und ja, die sehen besser aus als früher. Aber unsere Kunden sprechen eine andere Sprache. Erst gestern habe ich Aufträge im Wert von 160.000 Euro verloren. Das war wohl gestern auch der Grund für meine aufgebrachte Art. Das passt so nicht.", führt nun Ulli aus.

„Es klingt zwar verrückt. Aber anscheinend werden die Zahlen auf dem Papier besser, wenn ich aber mit dem Steuerberater spreche und dessen Auswertungen anschaue wird das Unternehmen schlechter. Ich kann mir noch keinen Reim darauf machen.", muss ich ergänzen.

„Ich will dich nicht angreifen Ulli, aber wenn in der Fertigung und in der Qualität die Zahlen besser werden, am Ende jedoch weniger dabei raus kommt, liegt es nicht an der Fertigung. Kann es sein, dass der Vertrieb zu billig anbietet?", versucht Eddy eine Erklärung zu finden.

„Das glaube ich nicht. Wir machen die Preise, die wir verlangen können. Unsere Produkte sind direkt mit der Konkurrenz vergleichbar und unsere Marktanalyse zeigt sehr klar, wie viel Geld wir verlangen können. Wenn wir günstiger anbieten müssen, dann weil die Konkurrenz so groß ist. Aber auf die haben wir kaum Einfluss.", verteidigt Ulli. „Wenn also der Markt nicht mehr hergibt, muss die Optimierung intern erfolgen."

„Hmm. Das ist Interessant.", füge ich hinzu. „Wir sind uns also einig, dass wir ein Problem haben, obwohl wir kein Problem haben?"

Alle müssen etwas schmunzeln.

„So ist das wohl.", stimmt Eddy zu.

Heute läuft das Gespräch deutlich ruhiger ab. Die Punkte sind aber dieselben. Kunden sind unzufrieden, teilweise werden Aufträge abgezogen. Ulli ist gegenüber den Kunden in einer sehr schwachen Position. Eddy und Quintus hingegen sind ratlos. Regelmäßige Offensiven werden abgestimmt, umgesetzt und die Zahlen verbessern sich. Trotzdem ist der Kunde unzufrieden, die Mitarbeiter demotiviert und das Management ratlos. Eine verzwickte Situation. Die Besprechung dauert fast zwei Stunden, ohne wirklich neue Erkenntnisse. Alle Offensiven, die ich schon von Herrn Zeiser gehört hatte, werden in diesem Gespräch nochmals auf den Tisch gebracht. Eigentlich müssten wir Marktführer sein. Irgendwie bin ich gedanklich gerade in einer Sackgasse.

Aber wir haben ja noch ein halbes Jahr Zeit. Wobei ein halbes Jahr so schnell vorbei sein kann. Zu viel Zeit lassen dürfen wir uns nicht. Die heutige Besprechung müssen wir aber ergebnislos abbrechen. Wir vereinbaren in jeder Abteilung eine Analyse durchzuführen und hierbei die Mitarbeiter mit einzubeziehen. Es muss doch möglich sein den Fehler zu finden.

Damit schließen wir die Sitzung. Der restliche Tag vergeht ruhig und schnell. Die meiste Zeit verbringe ich in meinem Büro und denke über alles nach. Eine Lösung will mir aber nicht so recht einfallen. Es bleibt wohl nur die nächsten Tage abzuwarten. Sinnlose Aktionen helfen nun auch nicht weiter und so muss ich wohl die Ergebnisse der einzelnen Meetings von Vertrieb, Qualität und Fertigung abwarten. Sicherlich können wir mit diesen Ergebnissen einen guten Schritt weiter kommen.

4

Ein schöner, sonniger Freitag und die ganze Familie sitzt gut gelaunt im Auto. Während Nate das Lied aus seinem MP3-Player mitsingt, erzählt Selina uns von der Landschaft, die sie vor dem Fenster beobachten kann. Als würden wir diese nicht selbst sehen können. Im Kofferraum tobt sich das neueste Familienmitglied aus und versucht seinen Brustgurt, mit dem er angeschnallt ist, irgendwie los zu werden. Nachdem die letzten drei Wochen im Unternehmen richtig stressig waren, haben Olivia und ich uns zu einem Wochenendtrip mit der ganzen Familie entschlossen. Wir fahren in ein nur wenige Kilometer entferntes Hotel und genießen ein paar ruhige Tage.

In den Bergen ist die Landschaft ganz anders, als bei uns unten. Wir wohnen zwar auch in der Natur, aber hier scheinen die Farben der Wiesen und Wälder intensiver. Auch der Duft nach Natur ist ein völlig anderer. Zu Hause, auf dem Weg zur Arbeit, lasse ich die Fenster des Fahrzeugs geschlossen. Die Klimaanlage regelt die Temperatur von selbst. Aber hier oben sind offene Fenster ein Muss. Der Geruch der Wiesen, vor allem, wenn diese erst vor kurzem gemäht wurden ist fantastisch. Es ist verblüffend, wie schnell man in der richtigen Umgebung entspannen kann. Zufrieden schaue ich rüber zu Olivia, auch ihr scheint die Umgebung gut zu tun. Man sollte nicht glauben, wie stark sich die Natur verändert, wenn man nur 40 Minuten von zu Hause weg fährt.

„So Kinder, nun mal ein klein wenig ruhiger. Wir sind da. Das große Haus da vorne ist das Hotel.", rufe ich nach hinten und zeige auf das Gebäude.

Gespannt schauen alle zum Hotel. Es ist das erste mal, dass wir hier oben sind. Mit großen Buchstaben steht an der Hauswand *Blumenhotel schöne Zeit*. Ich kann nur hoffen, dass der Name Programm ist. Für einen kurzen Moment bin ich wieder bei der Firma, werde dann aber von Henry aus den Gedanken gerissen. Immer wenn er im Auto mit dabei ist fängt er, sobald wir langsamer fahren, zu bellen an. Offensichtlich möchte er sowas wie *hey, aber wenn wir anhalten dann vergesst mich bloß nicht* in die Runde rufen. Wenn er das einmal angefangen hat, dann hört er auch nicht wieder auf. Für die Entspannung ist das nicht gerade von Vorteil und so versuchen wir, alle vier gleichzeitig, Henry mit unterschiedlichen Kommandos und Vorgehensweisen zur Ruhe zu bringen. Leider, wie meistens, völlig ohne Erfolg.

Also halten wir, begleitet von lautem Gebell, vor dem Hotel an. Die Kinder steigen sofort, voller Euphorie, aus. Taschen tragen? Fehlanzeige. Die beiden haben sofort den Streichelzoo entdeckt. Während Nate sich direkt zu den Ponys begibt, ist Selina bei den Hasen fündig geworden. Olivia und ich lächeln uns zu. Wie es scheint werden wir uns von den Kindern etwas erholen können. Die Tiere übernehmen die Aufsicht. Ich nehme die Taschen und Olivia kümmert sich um Henry, der immer noch bellt und kräftig an der Leine zieht. Das Einchecken läuft superschnell und so holt Olivia die

Kinder nach nur wenigen Minuten rein. Gemeinsam gehen wir in unser Zimmer. Da wir mit einem Haustier anreisen ist unser Zimmer im Erdgeschoss. Offensichtlich denken die Hotelbesitzer mit. Für die nächtliche Runde mit dem Hund ist dies sicherlich von Vorteil. Nate, der unbedingt das Zimmer aufschließen wollte, öffnet die Tür und bringt nur eine Sekunde später seine Enttäuschung zum Ausdruck.

„Hier ist ja alles aus Holz", stellt er sofort fest.

„Ja, das nennt sich *Landhausstil*. Das ist so. Aber wir werden doch eh nicht oft im Zimmer sein und von daher ist die Natur und das Wetter ohnehin wichtiger als das Zimmer, oder?", erwidert Olivia.

„Da hast Du auch wieder recht.", stimmt Nate zu.

Aber tatsächlich wäre dies auch nicht unbedingt mein bevorzugter Stil. Unser Haus daheim ist eher schlicht modern. Hell, viel Weiß, Glasschiebetüren, einfach modern. Aber wie meine Frau schon sagte, hier im Hotel steht die Erholung im Vordergrund und für vier Tage sollte es sich auch in diesem Landhausstil aushalten lassen. Henry jedenfalls gefällt es. Viele Teppiche, warme Holzböden und ein hohes Bett, unter dem er auch sofort verschwindet. Damit will er uns wohl klar zeigen, welches sein Reich sein wird. Nachdem wir uns im Bad alle kurz erfrischt haben, beschließen wir auch gleich eine erste Wanderung zu machen. Selina will unbedingt als erste mit Henry an der Leine laufen. So machen wir uns auf den Weg.

Direkt hinter dem Hotel beginnt ein Schotterweg, der mit leichter Steigung langsam in den Wald führt.

Die angenehme Kühle des Waldes ist im Gegensatz zu der prallen Sonne außerhalb richtig angenehm. Der Geruch nach feuchtem Moos und der Duft von Farn wirken sehr entspannend. Olivia beschließt den Hund ohne Leine laufen zu lassen. Auf dem Hundeplatz hört er bereits sehr gut auf Kommandos. Die ersten Kilometer funktioniert das wunderbar. Ich bin überrascht, wie gut Olivia den Hund schon im Griff hat. Ich habe zur Sicherheit meine Pfeife eingepackt. Bei einem Hundetrainer im Fernsehen habe ich das gesehen und war sofort hin und weg. Ohne schreien zu müssen, einfach nur durch einen Pfiff kam der Hunde problemlos her. Auf meine Stimme reagiert Henry ohnehin nicht so gut, wie auf die von Olivia. Die Familie hat auf dieser Wanderung auf jeden Fall ihren Spaß. Olivia beschäftigt sich mit dem Hund, Selina pflückt Pflanzen und Nate muss jeden Baum erklimmen den er finden kann. Davon sollte im Wald eine reichhaltige Auswahl zu finden sein. Mir reicht es völlig die anderen so entspannt und ausgelassen zu sehen, um selbst eine tiefe Entspannung zu fühlen. Der Moment ist einfach schön.

„Henry, H i e r h e r!", höre ich plötzlich meine Frau rufen.

Im selben Moment sehe ich Henry, wie einen Pfeil, in die Richtung eines anderen Hundes und dessen Besitzer zu spurten. Im Chor rufen nun Olivia, Selina und Nate gleichzeitig nach Henry, der davon völlig unbeeindruckt bereits kurz vor dem anderen Spaziergänger ist.

„Der tut nix, der will nur Spielen!", ruft meine Frau dem Mann entgegen, der seinen Hund bereits neben sich ins Platz geschickt hat.

„Kein Problem, es ist ja noch ein junger Kerl, so wie er aussieht.", erwidert der Mann.

Der Mann lässt seinen Hund nun auch laufen. Die beiden spielen miteinander im Wald, während wir ein nettes Gespräch mit ihm haben. Er wohnt hier oben und läuft mit seinem Hund regelmäßig diese Strecke. Er scheint sehr nett zu sein und mit Hunden scheint er sich auch auszukennen. Immerhin gibt es nicht viele Menschen, die einen Islandhund auf Anhieb erkennen, so eine bekannte Rasse ist dies nun auch nicht. Aber bei ihm ist dies die erste Frage. Wir erzählen bereitwillig, seit wann wir ihn haben und was wir an seiner Erziehung alles versuchen. Unser Ziel soll sein, dass unser Hund so gut auf Kommandos hört, wie seiner. Er ermutigt uns, bringt dabei aber auch zum Ausdruck, dass dies sehr viel Zeit und Arbeit erfordert. Wir verabschieden uns nach guten zwanzig Minuten von Ihm. Die Hunde sind inzwischen auch völlig am Ende und kommen hechelnd zurück zu uns. Zum Abschied gibt er uns noch einen Tipp, wo wir den nächsten Bergbach finden, damit Henry etwas trinken kann. Da der Bach nur einen kurzen Fußmarsch entfernt ist begeben wir uns auf die Suche. Wenige Minuten später steht Henry schon am frischen klaren Wasser und trinkt als wären wir in der Wüste. Auch ich nehme ein klein wenig Wasser in die Hand und reibe es in meinen Nacken. Natürlich will Nate dasselbe und wenn es will ist Selina auch nicht davon abzubringen. Nach einer kurzen Rast sieht Olivia auf die Uhr und stellt fest, dass es schon ganz schön spät ist. Also machen wir uns auf den Rückweg durch den kühlen Wald, um das Abendessen nicht zu verpassen.

Die nächsten zwei Tage tun unserer Familie richtig gut. Ich habe endlich wieder Zeit mich vernünftig um die Kinder zu kümmern und außerdem kann ich hier oben das Unternehmen, mit all seinen Problemen, vergessen. Während unserer täglichen Touren erleben die Kinder ein Abenteuer nach dem Anderen. Henry genießt die neue Umgebung ebenfalls mit sichtlich viel Spaß.

Wie bei jedem Urlaub muss auch bei diesem irgendwann der letzte Tag anbrechen. Den wollen wir nochmals in vollen Zügen genießen und entschließen uns heute keine Wanderung mehr zu machen. Nach dem ausgiebigen Frühstück will Olivia sich auf der Terrasse einem Buch widmen. Ich erkläre mich bereit nach den Kindern zu schauen und ein klein wenig mit Henry zu trainieren. Das Ziel der Kinder ist klar, der Streichelzoo. Direkt nebenan ist eine eingezäunte Wiese, auf der normalerweise die Ponys weiden. Da diese aber auf der gegenüberliegenden Straßenseite auf der Weide stehen kann ich das eingezäunte Gelände super nutzen, um mit Henry zu trainieren. Allerdings hat das mit der Pfeife im Fernsehen deutlich einfacher ausgesehen. Egal, es ist noch kein Meister vom Himmel gefallen. Das dauert eine ganze Zeit aber langsam habe ich das Gefühl, Henry hört auf meine Pfeife. Zumindest besser als bisher.

„Hallo Herr Single. Na mal wieder beim Training?", ertönt es vom Zaun.

Als ich hinüber blicke erkenne ich den Mann, den wir beim ersten Spaziergang getroffen haben. Interessanterweise hatten wir ihn von da an jeden Tag irgendwo angetroffen, als ob er überall gleichzeitig wäre.

„Ja, ich möchte ihn auf die Pfeife konditionieren. Auf meine Stimme hört er, im Vergleich zu der von meiner Frau, so gut wie gar nicht.", antworte ich.

„Ah ja. Wann fahren Sie denn wieder ab?", fragt mich Herr Steinbeck, dessen Namen wir seit gestern kennen.

„Heute Abend. Wir haben aus dem Zimmer ausgecheckt, wollen den Tag aber noch hier genießen.", erwidere ich. „Wollen Sie nicht vielleicht heute Nachmittag mit uns auf der Hotelterrasse noch einen Kaffee trinken?"

„Gerne", antwortet er mit einem freudigen Unterton. „Ich denke so gegen drei könnte ich am Hotel sein."

„Schön, ich bin mir sicher meine Frau freut sich auch!", rufe ich ihm zu und wende mich dann wieder zu Henry.

Der Vormittag vergeht wie im Flug. Nate und Olivia sind nicht von den Tieren im Streichelzoo weg zu bekommen. Henry verweigert nach knapp einer Stunde seine Loyalität und seinen Trainingswillen. Daher entschließe ich mich die Ruhe zu genießen und setze mich in die Wiese. Bis auf Selina und Nate ist es hier oben sehr ruhig. Lediglich einige Schreie von Vögeln dringen durch die Stille.

„Papa, Papa. Wir müssen zu Mama!", tönt es lautstark aus Selinas Mund.

Erschrocken stelle ich fest, dass ich wohl eingeschlafen bin. Ein Blick auf meine Uhr bestätigt die Befürchtung. Es ist kurz nach Drei. Sowas passiert mir in der Regel nicht. Mit einem Satz stehe ich auf und mache mich auf den Weg zur Hotelterrasse. Herr Steinbeck wird wohl schon warten. Die Kinder und Henry sind bereits auf dem Weg, während ich noch kurz das Gras von der Decke abschüttle, die ich als Unterlage dabei hatte. Halbwegs sauber lege ich die Decke zusammen und packe sie in eine Ecke des Kofferraums. Sie dient Henry während der Heimfahrt als Liegeplatz. Vom Auto mache ich mich dann auf den Weg zur Terrasse. Dort angekommen sehe ich bereits Herrn Steinbeck und Olivia bei einer Tasse Kaffee und einem angeregten Gespräch.

„Hi Schatz.", ruft Olivia mir entgegen. „Schön, dass Du es einrichten konntest. Herr Steinbeck hat mir erzählt, ihr hättet ein Date ausgemacht? Wir haben schon einmal angefangen."

„Hallo zusammen. Es tut mir leid, ich bin wohl eingeschlafen.", antworte ich.

„Ja ja. Hundetraining ist halt anstrengend. Ich weiß wovon ich rede.", beruhigt Herr Steinbeck mit einem breiten Grinsen auf dem Gesicht.

„Ja Schatz, stell dir vor Herr Steinbeck ist professioneller Hundetrainer und ich habe ihm mein Leid schon ein klein wenig geklagt.", ergänzt Olivia.

Sofort fangen die Kinder an Herrn Steinbeck mit gefühlten 1000 Fragen zu löchern. Bereitwillig gibt Herr Steinbeck Auskunft. Während er erzählt und sein Hund brav neben ihm liegt, kann ich seinen Ausführungen leider nicht immer ganz folgen. Henry würde viel lieber jeden, der auf die Terrasse kommt, begrüßen, anstatt hier liegen zu bleiben. Am Ende des Gesprächs muss ich Herrn Steinbeck für die Erziehung seines Hundes ein Kompliment aussprechen. Er bedankt sich bei mir und reicht mir nebenbei eine Visitenkarte von sich.

„Vielleicht können Sie meine Dienste einmal brauchen!", bewirbt er sein Hundetraining.

Mit diesen Worten verabschiedet er sich von uns und wir beschließen nun auch die Heimreise anzutreten. Die Rückreise ist deutlich ruhiger als die Anreise. Während Nate sich wieder vom MP3-Player berieseln lässt verzichtet er diesmal auf das Mitsingen. Selina spielt auf dem Handy von Olivia irgendein Spiel und Henry liegt völlig fertig im Kofferraum. Olivia und ich unterhalten uns während der gesamten Fahrt über das Wochenende und natürlich über Herrn Steinbeck.

Zu Hause angekommen bestellen wir noch eine Familienpizza, schauen ein wenig fern und gehen dann alle gemeinsam sehr früh ins Bett.

5

Heute ist ein stürmischer Tag. Auf der Fahrt ins Geschäft musste ich mehrmals gegenlenken, als eine Windböe mein Auto versetzte. Das ganze Wochenende war so schönes Wetter gewesen und heute ist alles um hundertachtzig Grad gedreht. Aber heute wird mein Tag wieder im Besprechungszimmer stattfinden, von daher stört das Wetter nur auf dem Weg zu Arbeit.

Kurz vor unserer heutigen Besprechung klingelt mein Telefon. Emilia kündigt einen Gast an. Es ist Herr Taraschow, unser Steuerberater. Nach einer kurzen Begrüßung bitte ich ihn, mir zu folgen. Der Weg führt, wie jeden Morgen, zum Besprechungszimmer. Heute warten schon alle drei auf mich.

„Guten Morgen zusammen. Wir haben heute einen Gast, Herrn Taraschow. Vielleicht kennt Ihr Ihn schon, er ist unser Steuerberater. Ich habe ihn heute gebeten unsere Zahlen einmal genauer zu erläutern. Vielleicht hilft uns seine Ausführung unseren Fehler etwas einzugrenzen.", beginne ich ohne Umschweife das Gespräch.

Nach einer kurzen Begrüßung aller Teilnehmer setzt sich Herr Taraschow an die Stirn des Konferenztisches. Dort ist der Anschluss für den Beamer. Wortlos nimmt er seinen silbern glänzenden Laptop aus der Tasche, drückt den Startknopf und während der Laptop hörbar seinen Dienst beginnt schließt er das Kabel des Beamers an. Ulli greift sich die Fernbedienung und aktiviert den Beamer. Quintus und Eddy starren auf die noch dunkle Leinwand.

„Die Dame und die Herren, ich habe mir auf Wunsch von Herrn Single die Situation einmal angeschaut.", beginnt Herr Taraschow. „Auf den ersten Blick konnte ich nichts Außergewöhnliches erkennen. Ihre Zahlen sind nicht die Besten, aber ich kenne auch bei weitem schlechtere Unternehmen."

Während der nächsten Stunde erklärt Herr Taraschow, wie er das Unternehmen sieht. Aber seine Sicht ist egal, die Inhaber geben den Ton an und die wollen bessere Zahlen. Während ein Schaubild nach dem anderen an die Wand geworfen wird und Herr Taraschow bereitwillig alle Zahlen kommentiert, denke ich an eine Präsentation, die ich im Internet gesehen habe. In der ging es darum, *warum die Nasa Power Point verboten hat.* Herr Taraschow beweist mir eindringlich, dass die Nasa wohl Recht hat. Es fällt mir schwer, die ganzen Inhalte und Zahlen auch nur annähernd in den Kopf zu bekommen. Als ich in die Runde schaue sehe ich, dass auch die Anderen starke Mühe haben, sich auf das Thema weiter zu konzentrieren.

„Das ist alles sehr schön aufbereitet Herr Taraschow. Aber neben den ganzen Erklärungen, dass wir uns im guten Branchendurchschnitt bewegen wäre für mich interessanter, ob es Auffälligkeiten gab.", versuche ich das Gespräch ein klein wenig zu lenken.

„Zu meiner eigenen Enttäuschung, leider nichts, was Ihnen etwas bringen würde.", gibt Herr Taraschow leise zu.

Mit dieser ernüchternden Antwort hatte ich nicht gerechnet. Intern zerbrechen wir uns schon seit Wochen den Kopf, drehen jeden Stein um und haben trotzdem keine Antwort. Wir führten Mitarbeitergespräche, hatten viele Anhaltspunkte und doch keine Lösungen. Gemeinsam verabschieden wir Herrn Taraschow und beginnen, wie so oft, eine Diskussionsrunde. Wie in den letzten Wochen legen wir neue Maßnahmen fest, sind der Verbesserung aber keinen Schritt näher.

„Lasst uns nochmal komplett an den Anfang zurückgehen.", schlage ich vor. „Welche Verbesserungsprojekte haben wir in den letzten Jahren, also vor meiner Zeit, begonnen? Herr Zeiser, aus der Fertigung, erzählte vom Lean Projekt."

„Ja, genau, das dürfte so zehn, zwölf Jahre her sein", stimmt Eddy zu. „Wir haben damals die ganze Fertigung neu strukturiert. Wir konnten die Rüstzeiten optimieren und auch die Sauberkeit wurde deutlich verbessert. Als Ergebnis wurde alles schneller gefunden und Fehler wurden minimiert. Wenn ich mich recht erinnere waren es Kosteneinsparungen deutlich im sechsstelligen Bereich."

„Definitiv. Es waren super Ergebnisse. Damals hatte ja noch Herr Iwersen die Geschäfte geleitet und die Einsparungen waren beachtlich.", ergänzt Quintus.

„Also würden wir sagen, diese Offensive war wichtig und wenn wir uns heute entscheiden müssten würden wir es wieder tun?", stelle ich die Frage in die Runde.

„Definitiv Ja.", antworten Eddy und Quintus nahezu zeitgleich.

„Ok, Ulli, was meinst Du?", will ich wissen.

„Ich war zu der Zeit noch nicht im Unternehmen. Bei Einsparungen im sechsstelligen Bereich würde ich diese Kampagne aber auch nochmals durchführen.", antwortet Ulli.

„Was kam danach?", will ich weiter wissen.

„Danach müsste die *Qualitätsoffensive* gekommen sein.", räumt Quintus ein. „Als wir mit Lean keinen Erfolg mehr hatten, haben wir uns überlegt was uns für die Zukunft rüstet. Dabei haben wir uns dann für die Qualität entschieden. Automatische Messplätze, eine Skip Lot[1] Wareneingangskontrolle und eine neue Software für die Qualitätssteuerung. Wir haben eine Vielzahl an Aktionen durchgeführt. Das Ergebnis war überwältigend. Wir haben die Kundenreklamationen innerhalb von einem Jahr um mehr als 80% verringert."

„Das ist sicher richtig, aber die Liefertermintreue hat gelitten.", fügt Ulli zu.

„Klar, wenn man Qualitätstore aufbaut, damit nichts zu Kunden durchdringt, geht die Liefertermintreue in den Keller. Aber früher haben wir pünktlich geliefert nur kam der Schrott dann eben zurück.", verteidigt Eddy.

„Also können wir zusammenfassend sagen, dass auch diese Offensive erfolgreich und wichtig war. Bis auf die Einschränkung mit der Liefertermintreue würden wir diese also wieder machen?", stelle ich auch hier die Frage.

„Einstimmig ja.", kommentiert Eddy das bestätigende Nicken aller drei.

---

[1] Eine besondere Form der Wareneingangsprüfung

„Was kam dann?", frage ich weiter.

„Im Anschluss kam die Engpass Strategie. Wie hieß die nochmal genau?", wollte Eddy wissen.

„Das war die EKS®[2]. Die Engpass Konzentrierte Strategie. Die hat Herr Professor Mewes erfunden. Oder besser gesagt formuliert.", fügt Ulli hinzu. „ Für mich die wichtigste aller Kampagnen. Wir haben unseren kompletten Vertrieb und unser Marketing auf den Kunden und seine Bedürfnisse fokussiert. Dadurch konnten wir auf einer ganz anderen Ebene mit den Kunden kommunizieren und einen echten Mehrwert bieten."

„Was genau war der Mehrwert?", will Quintus wissen.

„Das Bedürfnis des Kunden zu befriedigen! Bisher haben wir Produkte angeboten, seither bieten wir Lösungen an.", erklärt Ulli.

„Ok, also wieder meine Frage.", fuhr ich fort. „Würden wir auch diese Kampagne wieder machen?"

Alle drei schauen sich an. Ulli nickt völlig überzeugt. Die beiden anderen eher zögerlich. Schließlich übernimmt Ulli das Wort: „Ja, von mir aus schon. Das war, wie schon gesagt, die Wichtigste."

„Also notiere ich auch hier ein Ja.", sage ich. „Gab es noch etwas?"

„Natürlich. Wir bleiben ja nicht stehen.", meint Eddy. „Vor gar nicht allzu langer Zeit haben wir die ToC eingeführt."

---

[2] EKS® ist ein geschütztes Warenzeichen des Malik Management Zentrum St. Gallen.

„Was genau ist die ToC?", will ich wissen, obwohl ich mich damit bereits auseinandergesetzt hatte.

„Das ist die Theorie der Engpässe. Die hat Goldratt erfunden. Im Prinzip ein ganz einfaches Ding. In einem System, also auch in einer Fertigung, gibt es einen Engpass. Das ist immer so und es gibt auch immer nur einen Engpass, den Größten. Den muss man finden und optimieren, damit das ganze System besser funktioniert.", erklärt Eddy bereitwillig.

„Und das funktioniert?", frage ich weiter

„Na klar. Das funktioniert super. Seit wir das haben kennen wir unseren Engpass und können optimal darauf reagieren.", so Eddy weiter.

„Ich brauche wohl nicht fragen, ob wir auch diese Offensive nochmal machen würden?", schaue ich in die Runde.

„Sicher nicht", meldet sich Eddy erneut. „Jedes der Projekte brachte Verbesserungen und jedes ist wichtig. Und wenn Herr Iwersen noch bessere Zahlen will, dann müssen wir uns halt wieder ein Projekt überlegen"

„Ja nur was?", stellt Quintus die Frage der Fragen.

„Das werden wir heute nicht lösen. Aber zumindest habe ich nach dem enttäuschenden Ergebnis von Herr Taraschow jetzt ein besseres Gefühl.", übernahm ich das Wort. „Ich muss mir hierüber erstmal Gedanken machen. Ich stelle die Tage wieder einen Termin in den Terminplaner. Jeden Tag über dieses Thema reden bringt glaube ich nichts."

Mit diesen Worten schließe ich die Besprechung ab. Alle sind sichtlich erleichtert, dass wir heute eine so große Fülle an Informationen zusammen getragen haben. Nacheinander verlassen die anderen das Besprechungszimmer. Wenige Momente später betritt Emilia das Zimmer, um die Flaschen und Tassen aufzuräumen. Ich beschließe ihr hierbei noch zu helfen. Den Rest des Tages verbringe ich mit den alltäglichen Aufgaben. Diese bleiben durch das Mammutprojekt ohnehin meist so lange liegen, bis selbst das Unwichtigste wichtig und das nicht Dringende bereits dringend ist.

6

„Schatz, wir müssen etwas tun.", meint Olivia beim Abendessen. „Henry ist nun schon acht Wochen bei uns und wir alle strengen uns an und trainieren mit ihm, aber Du merkst ja selbst, dass er nicht wirklich gehorcht."

„Ja, ich habe auch schon daran gedacht. Was stellst du dir vor?", erwidere ich.

„Naja, ich dachte an Herrn Steinbeck, den wir damals im Hotel kennengelernt haben.", antwortet Olivia. „Ich habe sogar schon angerufen und einen Termin reserviert, wollte es aber zuvor noch mit Dir besprechen."

„Na wenn Du eh schon einen Termin gemacht hast, dann lass ihn doch mal kommen. Schaden kann es ja nicht!", bestätige ich Olivia.

„Schön, dann mach Übermorgen doch ein bisschen früher Feierabend. Herr Steinbeck kommt um Vier.", ergänzte Olivia.

„Ich liebe es, wenn Du meine Zeit schon vorverplanst.", antworte ich.

Das Gespräch kommt mir vor, als ob es gerade eben statt gefunden hat und doch sind inzwischen zwei Tage vergangen und ich fahre gerade von der Firma nach Hause, um den Hundetrainer zu treffen. Wenige Minuten später bin ich zu Haus. In der Einfahrt steht ein SUV. Das muss Herr Steinbeck sein. Also parke ich neben dem fremden Fahrzeug, steige aus und laufe Richtung Haus. Plötzlich höre ich Stimmen aus dem

Garten. Das müssen Sie sein, denke ich und ändere meine Richtung. Neben dem Haus gehe ich vorbei, direkt in den Garten. Als ich um die Ecke biege sehe ich Herrn Steinbeck schon mit meiner Frau, Nate und Selina. Henry tobt sich mit dem Hund von Herrn Steinbeck aus.

„Hallo zusammen. Ich hoffe, ich komme nicht zu spät?", frage ich in die Runde.

„Nein. Genau richtig. Die Hunde dürfen sich noch kurz austoben, dann packe ich Indira in den Kofferraum und wir beginnen mit Henry.", erwidert Herr Steinbeck.

„Schön, dann kann ich noch kurz rein und etwas anderes anziehen", sage ich beiläufig und verschwinde im Haus.

Während ich mich umziehe höre ich, wie Herr Steinbeck seinen Hund ins Auto bringt und wieder zurück in den Garten geht. Umgezogen folge ich ihm und gehe ebenfalls raus. Nun bekommen wir eine Einweisung. Er möchte uns in einer völlig natürlichen Situation einfach nur beobachten, also setzt er sich auf den Gartenstuhl und beobachtet uns. Wir nehmen abwechselnd die Leine und jeder von uns bemüht sich natürlich ihm sein Bestes zu zeigen. Zuerst Olivia mit den Kommandos, die Sie in der Hundeschule gelernt hat. Das funktioniert auch nach wie vor am besten. Dann meldet sich Nate freiwillig und versucht es mit seiner *männlichen Art*. Da Nate noch Meilen von einem Mann entfernt ist, müssen wir bei dem Anblick alle lachen. Genauso beeindruckt zeigt sich auch Henry von Nates versuchen. Dann komme ich mit meiner Pfeife, die inzwischen durchaus auch gut funktioniert. Geschätzt würde ich sagen, jedes zweite Mal kommt Henry tatsächlich her. Ganz zum Schluss darf auch Selina. Sie versucht ihren Kumpel mit Charme zu überzeugen. Schwanzwedeln rennt er auf Sie zu drückt Sie mit seinen Vorderpfoten nach hinten. Sie stolpert, im nächsten Moment steht Henry über ihr und zeigt seine Zuneigung, indem er über die Backe von Selina leckt. Wir müssen alle lachen, nur Selina nicht. So hatte Sie sich Ihren Auftritt nicht vorgestellt.

Nach dieser Übung hat Herr Steinbeck noch etwas Besonderes für uns. Olivia hat speziell für die Übung Ihre Freundin Daniela zu uns bestellt. Herr Steinbeck möchte sehen, wie gut wir in der Lage sind Henry zu kontrollieren, wenn andere Personen kommen. Vor dieser Übung haben wir alle Respekt, denn Henry ist eigentlich kaum zu stoppen, wenn jemand klingelt oder den Garten betritt. Gespannt warten wir und schauen gebannt zur Gartentür. So konzentriert wie ich bin, nehme ich nicht einmal die Geräusche in meiner Umgebung wahr. Henry sitzt vor uns auf dem Boden und schaut uns konzentriert an. Irgendwie spürt er wohl, dass gleich etwas passiert, denn sein Schwanz wedelt ununterbrochen. Mit einem leisen Knarren öffnet sich die Gartentür ganz langsam. Henry dreht sein rechtes Ohr in Richtung Gartentür. Einen Augenblick später sehe ich, wie er ganz unruhig wird und jeden Moment los rennen möchte. Auch Olivia sieht dies und ruft vorsorglich ein *Stopp* in seine Richtung. Als ob er es falsch verstehen würde setzt er genau in diesem Moment an und spurtet in Richtung Gartentür.

Die Begrüßung von Daniela geht völlig in unserem hysterischen Versuch Henry in den Griff zu bekommen unter.

„Ich dachte mir, ich mache es noch sportlicher. Vor der Gartentüre wartet Elias, mein Freund. Den kennt Henry noch nicht. Und da ihr ihn ebenfalls noch nie gesehen habt dachte ich, ich bringe ihn einfach mit!", lächelt Daniela.

„Das ist eine super Idee", ergänzt Herr Steinbeck. „Bevor Elias rein kommt versuchen Sie doch einmal den Hund auch wirklich zu stoppen. Sie dürfen machen, was Sie wollen."

Olivia ruft Henry zu sich herüber. Nachdem er Daniela ausgiebig begrüßt hat steht er für Kommandos wieder zur Verfügung und kommt her. Olivia gibt dreimal den Befehl *sitz*. Doch Henry denkt nicht dran. Also versuche ich es mit meiner Pfeife. Unterstützt von Nate, der den Hintern von Henry auf den Boden drückt, beugt er sich letztendlich und setzt sich neben uns. Konzentriert richten wir unsere Blicke auf Henry, um diesmal sofort sehen zu können, wenn er zum Spurt ansetzt.

„Du kannst kommen, aber langsam", ruft Daniela zur Gartentür rüber.

Erneut öffnet sich die Gartentüre mit demselben kaum hörbaren Knarren. Ein sehr sportlicher junger Mann betritt den Garten. Sofort versucht sich Henry wieder in Richtung Gartentüre zu bewegen, aber Nate und Selina stellen sich gleichzeitig in den Weg. Olivia versucht währenddessen an das Halsband von Henry zu kommen. Der Anblick muss wohl sehr lustig sein, denn Herr Steinbeck sitzt auf seinem Stuhl und amüsiert sich offenkundig. Unser Widerstand dauert ein paar Sekunden und schon ist Henry auf dem Weg zu Elias. Zum Glück hat Elias keine Angst vor Hunden. Henry begrüßt ihn und springt freudig an ihm hoch. Das Wedeln seines Schwanzes ist so energisch, dass eher der Schwanz stehen bleibt und der Hund wedelt als umgekehrt. Irgendwie ist der Anblick lustig.

Nach diesen Tests hat Herr Steinbeck genug gesehen. Während Herr Steinbeck aufsteht und zu uns rüber kommt geht Daniela ins Haus und macht Kaffee. Ihr Freund Elias erklärt sich bereit zum Bäcker zu gehen und für alle etwas süßes zu kaufen. Herr Steinbeck und wir bleiben mit Henry draußen im Garten.

„Also ich denke ich habe bereits genug gesehen. Kann es sein, dass Ihr Hund, wenn er jeweils nur mit einem von Ihnen unterwegs ist eigentlich relativ gut auf Sie hört?", fragt Herr Steinbeck nach.

Olivia und ich schauen uns an und müssen dem zustimmen. Selina und Nate haben Henry zwar nicht so gut unter Kontrolle, aber die beiden sind auch noch jung. Sie üben sicherlich nicht so oft und intensiv wie Olivia, aber wohl immer noch mehr als ich.

„Sehen Sie, das dachte ich mir. Das Problem liegt auf der Hand. Ich dachte es schon im Hotel, als wir uns getroffen haben. Stellen Sie sich vor, Sie wären in einem fernen Land, indem unterschiedliche Sprachen gesprochen werden. Alle diese Sprachen können Sie halbwegs gut verstehen. Zwar nicht wirklich gut sprechen, aber verstehen, verstehen können Sie alle. Wie gesagt eben ein bisschen. Ruft Ihnen nun der Eine werden Sie verstehen, dass Sie zu ihm kommen sollen. Ruft der Andere in einer anderen Sprache werden Sie auch das verstehen.", beginnt er zu erzählen. „Und nun stellen Sie sich einmal vor es kommt eine stressige Situation. Sagen wir einmal Sie spielen gemeinsam Fußball. Sie, als zentrale Figur sind sehr aufgeregt und hochkonzentriert. Der Ball kommt auf Sie zu. Je näher der Ball kommt, desto gespannter sind Sie. Sie fixieren den Ball mit Ihren Augen und plötzlich rufen alle auf einmal, in unterschiedlichen Sprachen. Sie wissen zwar, dass Sie gemeint sind, aber die einzelnen Rufe und Sprachen überlagern sich. Sie verstehen überhaupt nicht was die meinen. Sie nehmen Anlauf und bügeln den Ball mit einem gezielten Tritt genau unter die Latte ins Tor."

„Naja, wer braucht da noch die Anderen, Hauptsache im Tor.", erwidere ich mit einem lächeln.

„Ja, Hauptsache im Tor. So hätte ich im ersten Moment wohl auch gedacht. Aber was, wenn alle Ihre Mitspieler, jeder in seiner Sprache, Sie warnen wollten? Warnen, weil Sie auf das falsche Tor, das Eigene, gezielt haben. Dann hätte Ihr Schuss direkt unter die Latte zwar Starpotential gehabt, aber ein Eigentor macht eben keinen Spaß.", ergänzt Herr Steinbeck.

„Ok, das ist blöd. Aber wenn ich die Anderen doch nicht verstanden habe.", kontere ich geschickt.

„Und warum stört es Sie dann bei Ihrem Hund?",
entgegnet Herr Steinbeck. „Sehen Sie die Situation mit
Ihrem Hund ist genau die Selbe. Ihr Hund kennt Ihre
Sprache. Er kann Sie zwar nicht sprechen, aber er versteht im Großen und Ganzen was Sie wollen. Problem
ist, der eine gibt Kommandos, der andere verwendet
eine Pfeife. Nate versucht es mit hysterischem Schreien
und Selina, sagen wir mal antiautoritär. Der Hund ist
nun in einer Situation, wie Sie während des Spiels. Er
sieht einen Besucher kommen. Er würde gerne hin und
sofort hoch springen. Dann rufen alle gleichzeitig, Pfei-
fen oder machen sonst etwas. Der Hund versteht die
Welt nicht mehr und macht das, was er von Anfang an
vor hatte, nämlich hinrennen."

Olivia und ich sehen uns an. So hatten wir das noch
nie gesehen. Jetzt, wo Herr Steinbeck das so erklärt
leuchtet es ein. Auch bei den Kindern scheint der Gro-
schen gefallen zu sein. Wir mussten uns gemeinsam für
eine Erziehung entscheiden und alle dieselbe umsetzen.
In diesem Moment ruft Daniela uns ins Haus. Auf dem
Weg rein diskutieren wir schon angeregt, welche Erziehung für uns wohl am besten wäre. Herr Steinbeck unterbricht uns und schlägt vor, dass er uns seine Art zeigt
und wir somit alle nach seiner Art erziehen. Da dieser
Vorschlag vernünftig klingt willigen wir ein. Wir setzten
uns gemeinsam an den länglichen Tisch im Esszimmer.
Elias, Daniela und Herr Steinbeck auf der Rückseite,
Nate und Selina sitzen Ihnen gegenüber, Olivia und ich
nehmen jeweils an der Stirnseite platz. Henry, der sich
inzwischen beruhigt hat, liegt unter dem Tisch.

Während wir alle unseren frisch gebrühten Kaffee und unsere süßen Teilchen genießen ist Ruhe am Tisch. Bei der zweiten Tasse Kaffee unterhalten wir uns dann angeregt über die Hundeerziehung. Herr Steinbeck erklärt uns seine Art zu erziehen. Für ihn ist es wichtig, dass wir diese verstehen und akzeptieren. Da es sich um gewaltfreie Erziehung, basierend auf Belohnung, handelt und überwiegend auf Unterwerfung verzichtet, haben wir kein Problem damit. Nach dem Kaffee gehen wir wieder mit Herrn Steinbeck in den Garten zu unserer ersten Hundetrainingsstunde, Daniela und Elias bedanken sich für den Kaffee und verabschieden sich wieder.

Es scheint ganz erfolgreich zu sein. Olivia meldet sich wieder freiwillig und führt Henry an der Leine durch den ganzen Garten. Jedes Mal, wenn eine Störung auftritt und er sich unbeeindruckt zeigt bekommt er ein Stückchen Fleischwurst. Nach und nach bauen wir die Störungen immer massiver aus. Zum Schluss spielen Nate und ich mit dem Ball und selbst das stört Henry nicht. Nach Olivia darf ich mich versuchen. Es scheint schwieriger zu sein, als ich dachte. Mit diesem Gedanken bin ich sofort wieder in voller Konzentration. Auch bei mir funktioniert es ganz gut. Selbst als die Kinder gemeinsam mit Olivia Seilhüpfen, habe ich Henry halbwegs unter Kontrolle. Auch die Kinder schlagen sich ganz gut. Die Zeit vergeht wie im Flug und als ich auf die Uhr schaue ist es halb sieben. Herr Steinbeck nimmt seinen Hund, den er bereits vor einiger Zeit wieder aus seinem Auto holte, verabschiedet sich und verschwindet durch die Gartentür.

Zurück im Haus bereitet Olivia das Abendessen vor. Nate und Selina helfen dabei während ich mich vor mein Notebook setze. Wie immer will ich mich in der virtuellen Welt nochmals über Herrn Steinbeck und seine Erziehungsmethode informieren. Was würde ich nur ohne Internet machen? Mit geübter Leichtigkeit finde ich sofort neben der Internetseite von Herrn Steinbeck einige Erfahrungsberichte. Wie mir sofort ins Auge fällt ist die Seite wirklich schlecht gemacht. Aber zumindest sind detaillierte Informationen über seine Art der Erziehung vorhanden. Auch Verweise, woher diese Erziehung kommt und wer diese erfunden hat. Die Erfahrungsberichte sprechen ebenfalls alle eine positive Meinung aus, so dass ich beruhigt an den Esszimmertisch sitze. Die anderen Drei sitzen bereits und sind schon ins Essen vertieft. Das Hauptthema des Abends sind die Erziehungserfolge, die wir bereits nach wenigen Stunden erkennen können. Nate muss feststellen, dass es deutlich einfacher ist als die Wochen zuvor. Selina ergänzt seine Ausführungen mit dem Hinweis, dass es so auch viel mehr Spaß macht mit Henry. Der wiederum hört seinen Namen und hebt den Kopf leicht an, nur um ihn eine Sekunde später wieder auf den Boden zu legen. Die Trainingseinheit war für alle anstrengend, aber für Henry wohl im besonderen Maße.

Bis die Küche aufgeräumt ist haben wir bereits halb neun auf der Uhr. Daher bringe ich Nate und Selina direkt ins Bett während Olivia sich im Fernseher eine Sendung aussucht. Ich setze mich auf den Sessel, der vor dem Fernseher steht und lasse mich berieseln. Als ich in der Werbepause zu Olivia rüber schaue schläft sie fried-lich. Mit einem sanften Stups wecke ich sie und wir gehen ins Bett. Das Training scheint auch uns schwer angestrengt zu haben.

7

Der Tag gestern beschäftigt mich immer noch. Wie kann es sein, dass wir acht Wochen mit Henry trainieren und weniger erreichen, als gemeinsam mit Herrn Steinbeck innerhalb von Stunden. Auf jeden Fall müssen wir in der Zukunft nun alle gemeinsam an der Erziehung von Henry arbeiten. Mein Kopf ist zurzeit total überlastet. Manchmal habe ich das Gefühl, dass ich kurz vor einem Burn Out stehe. Auf der einen Seite ist Henry und seine Erziehung. Hier gibt es viele neue Dinge, vieles zu beachten und vieles zu lernen. Auf der anderen Seite steht das Unternehmen, in dem wir seit Wochen analysieren und irgendwie nicht so recht weiter kommen. Eigentlich sollte es kein Problem sein das Rätsel zu knacken, aber es sind viel zu viele Gedanken in meinem Kopf. Ich muss abschalten. Für heute muss ich aus dem Unternehmen raus. Zumindest für eine Stunde und so mache ich mich auf den Weg. Das Wetter ist wieder so schön wie gestern während des Hundetrainings. Also laufe ich durch die Eingangstür aus Glas auf der in matten Buchstaben Herzlich Willkommen zu lesen ist. Mein Ziel ist ein nahegelegener Feldweg, auf dem ich einen kleinen Spaziergang machen will. Weil die Sonne so intensiv scheint mache ich noch einen kleinen Abstecher zum Auto und hole meine Sonnenbrille heraus. Auf dem Weg über die Straße zum Feldweg öffne ich die Knöpfe an den Ärmeln meines Hemds. Es ist extrem warm in der Sonne und mit diesem Gefühl verlieren die Gedanken in meinem Kopf sofort an Stärke. Mir kommt es fast so vor, als ob mein Nervensystem eine Party feiert. Die wohlige Wärme und das helle Licht der Sonne lassen den Körper sofort in den Urlaubsmodus wechseln. Vielleicht hätte ich das schon viel öfters tun sollen.

In einigen hundert Metern Entfernung sehe ich eine Frau laufen. Da mein Schritt deutlich schneller ist, als Ihrer, komme ich der Dame schnell näher. Von hinten kommt mir die Silhouette irgendwie bekannt vor. Am Hinterkopf schwingen lange braune Haare mit jedem Schritt hin und her. Als ich noch näher komme wird mir klar, warum mir die Dame bekannt vorkommt. Es ist Ramona Mayer. Sie ist unsere Personalleiterin. Ramona hat ungefähr mein Alter und ist sportlich sehr aktiv. Trotz diesem hohen Sportpensum hat sie einige Pfunde zu viel. Diese waren schon mehrmals Thema von privaten Unterhaltungen. Sie scheint mit ihrem Gewicht nicht zufrieden zu sein.

„Hallo Ramona. Genießt Du das schöne Wetter?", frage ich.

„Naja, genießen kann man das nicht nennen. Ich habe mal wieder eine Diät, die nicht so funktioniert, wie sie soll. Also dachte ich vorher im Büro, ich nehme eine Auszeit und laufe ein klein wenig, um meine Kalorienbilanz zu verbessern. Und Du?", antwortet Sie.

„Bei mir ist es nicht die Kalorienbilanz. Ich habe derzeit den Kopf so voll, dass ich das Gefühl hatte ich muss raus. Die Sonne und der Spaziergang scheinen tatsächlich zu helfen. Hier draußen ist es fast wie Urlaub.", erwidere ich.

„Ein sehr kurzer Urlaub.", witzelt Ramona. „Die Diät hat so gut angefangen. Irgendwie habe ich bei jeder Diät anfangs sehr gute Erfolge. Aber leider folgt der anfänglichen Euphorie nach wenigen Wochen die Ernüchterung."

Während wir den Weg ein Stück gemeinsam gehen überlege ich, was ich sagen könnte, um Ihr etwas Beistand zu leisten. Aus der Tonlage ihrer Stimme kann ich heraus hören, dass ihr das Thema sehr wichtig ist und Sie sehr belastet. Also versuche ich, wie ein Politiker, zwar zu reden aber im Prinzip nichts zu sagen. Was auch sehr gut zu funktionieren scheint. Nach wenigen Minuten kommen wir dann auch auf ganz andere Themen. Unter Anderem natürlich auch auf Henry und unsere Arbeit mit ihm und dem Hundetrainer. Da Ramona alleine lebt und als Personalleiterin auch die eine oder andere Überstunde absolvieren muss, kann sie leider keinen Hund halten. In unserem Gespräch lässt sie aber klar erkennen, dass sie das gerne würde. Ramona erzählt von früher, von Ihren Eltern. Dort hatte man immer Hunde, aber als sie auszog war damit Schluss. Mit diesem Thema erreichen wir eine Wegkreuzung. Gemeinsam beschließen wir umzukehren und langsam aber sicher zurück zur Firma zu laufen.

„Aber nun erzähl Du mal was Dich sonst noch beschäftigt, den Spaziergang hast Du ja sicherlich nicht nur des Hundes wegen gemacht?", beginnt Ramona nun bei mir zu bohren.

„Nein, der Hund ist eher der kleinere Teil. Das Unternehmen beschäftigt mich. Unsere Zahlen sind nicht schlecht, nicht besorgniserregend, aber eben auch nicht so gut, dass man sich darauf ausruhen könnte. Wir haben nun schon seit Wochen Besprechungen, in denen wir versuchen der Sache auf den Grund zu gehen. Wir hatten eine Lean Offensive, wir nutzen Theory of Constraints, hatten eine Qualitätsprojekt und was weiß ich noch alles, aber keines war der große Wurf.", fange ich an zu erzählen. „Langsam gehen mir die Ideen aus und für so etwas bin ich einfach nicht gemacht. Fällt dir etwas ein? Ich bin für jede Hilfe dankbar."

„Naja, ich bin gut in Personalangelegenheiten. Was in der Fertigung los ist kriege ich kaum mit. Aber was unser Lean betrifft glaube ich tatsächlich, dass es ein Schuss in den Ofen war. Das haben wir mit einem riesigen Hurra begonnen. Schulungen, Audits, ein fest angestellter Lean Manager und vieles mehr. Aber nun, Jahre später, was haben wir? Also ich hatte schon lange keine Schulung mehr, wie ist das in der Fertigung?", erzählt Sie bereitwillig.

Ohne, dass es mir selbst auffällt werde ich still. Mein Kopf beginnt nun wieder zu arbeiten. Das müssten wir doch wiederbeleben können. Wenn ich nur den Grund kennen würde, warum jedes Projekt eingeschlafen war. Zumindest habe ich wieder eine wichtige Information mehr. Ramona erzählt weiter, während ich nur zuhöre. Leider wiederholt sie die Themen nur, neues ist nicht dabei. Danach habe ich jedoch das Gefühl, den Sachverhalt besser verstehen zu können. Wirklich näher bin ich der Lösung damit aber noch nicht.

Gegen 14 Uhr sind wir wieder gemeinsam im Unternehmen angekommen. Während ich den Weg zu meinem Auto einschlage, um meine Sonnenbrille zu verstauen, verabschiede ich mich von Ramona. Sie nimmt den Seiteneingang, da dies für sie der kürzeste Weg zu Ihrem Büro ist. Ich hingegen nutze den Haupteingang, greife die massive Glastür an der senkrechten Edelstahlstange und drücke sie auf. Wieder im Büro angekommen schweift mein Blick rüber zum Telefon in der Ladeschale. Zwei Anrufe in Abwesenheit. Ich hatte wohl vergessen das Telefon auf Emilia umzustellen. Ich nehme den Hörer aus der Halterung und drücke die Rückruftaste. Auf dem Display kann ich Eddies Namen lesen. Nach einiger Zeit nimmt Eddy ab. Ein dröhnender Lärm dringt mir durch den Lautsprecher entgegen. Offensichtlich ist Eddy in der Fertigung. Ganz aufgeregt möchte er wissen, wo ich denn war. Er hätte mir wohl gerne etwas in der Fertigung gezeigt, was uns vielleicht einen Schritt weiterbringen könnte. Aber nun war es wohl zu spät. Er erklärt sich aber bereit mir Morgen bei der Besprechung das Thema zu erläutern. Dort macht es sicherlich auch mehr Sinn, immerhin hören dann Ulli und Quintus dasselbe. Der zweite Anruf war hingegen einer aus der Kategorie nicht dringend und nicht wichtig. Also ein Anruf, den die Welt nicht braucht.

Ich setze mich an den Schreibtisch und surfe im Internet. Als Hilfsmittel hat sich das Internet bei mir sehr bewährt. Nachdem ich am Browser eine Suchmaschinenseite aufgerufen habe wähle ich als Suchworte *Lean Management Probleme bei der Einführung*. Kaum eine

Sekunde später habe ich hunderte Ergebnisse, die zu meinen Suchbegriffen passen. Während der erste Link nach Werbung aussieht und der Zweite eine Studienarbeit ist, hört sich der Text des dritten genau nach dem an, was ich suche.

Erfolgreiche Change-Management Projekte
für Ihre Zukunft
Ihre Unternehmenszahlen versprechen
nichts Gutes?
Sie stehen kurz vor der Insolvenz oder ha-
ben zumindest ein erkennbares Liquiditäts-
problem?
Dann sollten Sie nicht länger zögern und
uns anrufen. Wir haben eine 25 jährige Er-
fahrung in der Umsetzung von Rettungs-
projekten. Nach einer ausführlichen Analy-
se der Situation erarbeiten wir mit Ihnen
ein Konzept und begleiten Sie auf dem Weg
zurück ins Leben.
Für interessierte bieten wir einen 2-tägigen
Workshop an, melden Sie sich am besten
gleich an.

Soweit waren wir noch nicht. An eine Insolvenz mussten wir nicht denken, wir machen schließlich einen guten Job und verdienen Geld. Es sollte ja, nach dem Willen der Inhaber, nur etwas mehr sein. Aber auf der anderen Seite konnte es nicht schaden den 2-tägigen Workshop zu besuchen. Sicherlich kann auch eine gesunde Firma von den Erkenntnissen aus einem solchen Workshop profitieren. Also klicke ich auf den *Teilnehmen-Button*, fülle das Formular aus und drucke mir die

Bestätigung aus. Der Workshop ist bereits in zwei Wochen, so verliere ich nicht zu viel Zeit.

Ganz zufrieden mit meinem Arbeitstag fahre ich mein Notebook runter. Das Gespräch mit Ramona war sehr interessant. Den Workshop zu finden, genau zwei Wochen bevor dieser statt findet war ein Glückstreffer. Was will man mehr. Mit diesem positiven Gefühl verlasse ich das Unternehmen und mache mich auf den Weg nach Hause.

8

„Hallo Herr Steinbeck. Schön, dass der Termin gepasst hat.", begrüße ich Herrn Steinbeck.

„Hallo, ausgemacht ist ausgemacht. Haben Sie in der letzten Woche kräftig geübt?", verliert Herr Steinbeck keine Zeit.

„Also Olivia und die Kinder sicherlich mehr als ich. Aber wir haben uns alle an denselben Erziehungsstil gehalten. Nämlich an Ihren.", erwidere ich.

„Schön, dann lassen Sie uns direkt rein gehen. Leider macht der Regen es heute unmöglich draußen zu arbeiten.", sagt Herr Steinbeck, während er mir ins Haus folgt.

Drinnen angekommen begrüßt Herr Steinbeck auch den Rest der Familie und natürlich Henry. Der lag noch bis vor einer Minute ruhig auf dem Boden. Als er die Stimme von Herrn Steinbeck hört springt er auf, wird dann aber erfolgreich von den Kommandos von Olivia und Nate gestoppt. Ruhig ist zwar anders, aber zumindest bleibt er auf seinem Teppich sitzen wedelt jedoch wild mit dem Schwanz. Auf Kommando darf er Herrn Steinbeck begrüßen. Das lässt sich Henry natürlich nicht zweimal sagen und macht sich stürmisch auf zu Herrn Steinbeck. Nach einer wilden Begrüßung setzt sich Herr Steinbeck im Wohnzimmer auf den bequemen Sessel, der, ebenso wie die Couch, mit sehr grobem Stoff überzogen ist. Dieser rustikale Stil hatte Olivia damals am besten gefallen. Herr Steinbeck möchte die Erfahrungen der ersten Woche wissen. Die Kinder erzählen ganz aufgeregt über Ihre Übungsstunden mit Henry und die sichtbaren Erfolge. Den Kindern scheinen diese Erfolgserlebnisse sehr gut zu tun. Manchmal würde ich mir wünschen wieder ein Kind zu sein. Die Freude über solche banalen Dinge habe ich als Erwachsener wohl verlernt und beneide meine eigenen Kinder dafür. Auch Olivia erzählt von Ihren Trainingseinheiten. Zum Abschluss darf ich mir dann noch anhören, dass ich ruhig ein klein wenig mehr hätte üben können. Auf diese Kritik lasse ich mich jedoch nicht ein. Zum einen hatte ich durchaus besseres zu tun und zum anderen habe ich ja keineswegs nichts gemacht. Lediglich weniger, als die Anderen.

Mit einem großen Lob von Herrn Steinbeck machen wir uns im Wohn- und Esszimmer daran unseren Erfolg zu zeigen. Henry scheint an diesem Tag besonders gut auf die Kommandos zu hören, was natürlich ein Ansporn für uns alle ist. Der Hundetrainer zeigt nochmals auf was es ankommt. Wenn Henry gar nicht hören will muss man ihn unterwerfen, so wie im Tierreich üblich. Wie uns Herr Steinbeck weiter erklärt ist dies die einzige autoritäre Lektion in seiner Erziehung. Selbst diese wird jedoch nicht mit Schmerz und Gewalt ausgeführt, sondern stellt in der Hundewelt lediglich eine völlig normale Geste dar. Das bedeutet für uns, wir müssen Henry packen und hinlegen. Am angreifbarsten sind die Tiere, wenn sie auf der Seite liegen und das muss unser Ziel sein. Erst wenn Henry auf der Seite liegt, alle Muskeln entspannt hat, selbst wenn wir die Hand wegnehmen, dann haben wir ihn erfolgreich unterworfen. Wichtig ist es, erst aufzuhören, wenn der Hund freiwillig liegen bleibt. Lassen wir ihn vorher wieder aufstehen ist die Unterwerfung nicht erfolgreich und der Hund lernt für sich ein paar Sekunden still zu halten, um dann seinen Willen wieder zu bekommen. Er gewinnt also das Spiel. In der Anfangszeit kann diese Prozedur durchaus zehn Minuten dauern. Aber das wird im Laufe der Zeit immer kürzer. Wie im Tierreich eben auch.

Abwechselnd versuchen wir es. Auch wenn es heute keinen offensichtlichen Grund gibt, übt jeder von uns das Unterwerfen. Henry tut uns allen etwas leid, vor allem aber Selina. Für sie ist es am schwersten, sicherlich auch, weil Sie Henry mehr als Spielgefährten sieht. Herr Steinbeck bekräftigt aber nochmals die Wichtigkeit dieser Übung. Heute erfolgt die Unterwerfung zwar ohne Grund, aber für die Zukunft ist dieses Vorgehen nur notwendig, wenn er alle anderen Kommandos ver-weigert. Nach zwei intensiven Stunden schlägt Olivia eine Pause vor und geht in die Küche. Nate bekommt ein bisschen Geld in die Hand und soll mit dem Fahr-rad kurz zum Bäcker fahren während Olivia den Kaffee vorbereitet. Selina und ich haben so Gelegenheit mit Herrn Steinbeck zu sprechen. Er hat, wie immer, unzäh-lige Geschichten aus der Praxis parat, die seine Erzie-hung als besonders erfolgreich bestätigen. Selina hört total gespannt zu. Allein schon die vielen verschiedenen Hunde, von denen Herr Steinbeck erzählt, fesseln Selina an die Couch. Ich glaube jetzt könnte das Haus anfan-gen zu brennen, das wäre Selina egal. Sie würde sich erst erheben, wenn die Geschichte fertig erzählt ist. Auch für mich ist es interessant, dass diese Methode bei jedem Hund, egal ob temperamentvoll, ruhig, alt oder jung, funktioniert.

Kurze Zeit später kommt Nate mit einer Tüte zurück und läuft direkt in die Küche. Einen weiteren Moment später trägt Olivia ein Tablett mit Tassen und Tellern ins Esszimmer. Nate folgt ihr und hält einen großen Teller mit süßem vom Bäcker. Wir drei stehen von der Couch und vom Sessel auf und machen uns auf den Weg rüber zum Esstisch. Olivia schenkt allen Erwachsenen einen Kaffee ein. Nate bekommt einen kleinen Schluck Kaffee in ein Glas Milch und Selina bekommt eine Tasse Kakao.

„Ich muss sagen, das funktioniert bereits sehr gut. Schön, dass Sie so viel üben. Da ist aber noch etwas.“; beginnt Herr Steinbeck, während er in seine Mandelschnecke beißt. „Sie müssen meine Vorschläge beständig umsetzen. Sie dürfen nicht nachlässig werden. Hunde sind vergleichbar mit Kindern. Wenn Sie Ihre Kinder ständig um halb acht ins Bett schicken, dann klappt das. Wenn Sie ihnen ab und zu gestatten bis halb neun aufzubleiben werden Sie an den Tagen, an denen sie um halb acht ins Bett sollten rebellieren. Jede Nachgiebigkeit, jede Schwäche oder Großzügigkeit wird sich früher oder später rächen. Beim Hund ist es dasselbe, das ist auch der Grund, warum er bei fünf verschiedenen Arten ihn zu erziehen nicht mitspielt. Ein Hund braucht Beständigkeit. Eine Regel ist eine Regel. Heute, Morgen und in Zukunft. Haben Sie das verstanden?“

Nate beschwert sich vehement, immerhin darf er schon bis neun wach bleiben. Während Olivia ihm erklärt, dass Herr Steinbeck dies nur als Beispiel nannte und er natürlich als großer Junge auch weiterhin bis neun wach bleiben darf, mache ich mir Gedanken über das Gesagte. Kinder werden irgendwann erwachsen und man kann die Regeln dann lockern. Schließlich sollen Kinder irgendwann selbstständige Menschen sein. Bei Hunden ist das aber, wie Herrn Steinbeck sagte, eine Aufgabe vom ersten bis zum letzten Tag. Ich kann mir das richtig vorstellen. Gibt man dem Hund einmal Essen vom Tisch muss er zwangsläufig denken, dass dies normal ist. Ein Hund kann nicht unterscheiden, ob sein Geburtstag ist und er etwas bekommt oder einen Tag später eben nicht mehr. Das macht offenbar Sinn.

Als der gemütliche Kaffee vorbei ist, soll einer von uns nochmals mit Henry die Unterwerfungsübung durchführen. Wem gebührt die Ehre? Natürlich mir. Also schnappe ich Henry, lege ihn behutsam auf den Boden, drehe ihn auf die Seite und fixiere ihn mit einer Hand. Ganz langsam lasse ich den Druck meiner Hand nach und hebe nach wenigen Sekunden die Hand von Henry ab. Immer, wenn Henry versucht, den Kopf zu heben, lege ich meine Hand sofort wieder auf seinen Brustkorb. Ohne große Kraft oder Druck. Diese Art der Unterwerfung kann ich für mein Verständnis gewaltloser Erziehung problemlos akzeptieren. Es dauert kaum eine Minute und der Kopf bleibt dauerhaft auf dem Boden liegen, obwohl ich meine Hände bereits von ihm genommen habe. Herr Steinbeck ist sehr froh, dass der

Vorführeffekt in diesem Fall ausbleibt. Genau das wollte er zum Abschluss unseres Trainings noch demonstrieren. Anfangs benötigten wir Minuten, bis Henry liegen blieb. Nachdem jeder die Unterwerfung nur einmal durchgeführt hat ist Henry klar, was er in diesem Fall zu tun hat. Eine Stunde nach der Übung funktioniert es bereits ohne großen Aufwand. Nach wenigen Augenblicken ist Henry unter Kontrolle. Herr Steinbeck ruft uns nochmals zur Nachhaltigkeit auf. Wenn wir uns stets daran halten es so zu handhaben, dann würde die Unterwerfung zukünftig nur noch Sekunden dauern. Sobald wird jedoch nachlässig werden, verlängert sich die Zeit wieder bis Henry nachgibt. Wir müssen also unbedingt am Ball bleiben.

Gegen 17.30 Uhr geht Herr Steinbeck. Nachdem ich ihn an der Tür verabschiede beschließe ich die heutigen Erkenntnisse nochmals in einem Familienrat zu diskutieren. Gerade für die Kinder ist es sicherlich wichtig das Warum klar zu verstehen. Wir alle konnten uns das Leben mit unserem neuen Mitglied deutlich leichter machen. Selina sitzt bei Henry auf dem Teppich. Nate und Olivia auf der Couch und ich nehme auf dem Sessel platz. Alle hören sich meine Ausführungen an und, obwohl ich Widerstände erwarte sind alle meiner Meinung. Wie schnell Henry ruhig wurde hatte bei Allen Eindruck hinterlassen. Offensichtlich mussten nur alle verstehen worum es ging und warum man dies tun sollte. Versteht man den Grund erscheint ein anfänglich eher negatives Vorgehen unter einem anderen Blickwinkel plötzlich positiv.

Da der Regen inzwischen aufgehöhrt hat und Henry während des Trainings genügend Anspannung erfahren durfte, beschließen wir eine Spaziergang mit der gesamten Familie zu unternehmen. Ich packe zur Sicherheit einen Rucksack, indem ich die Regencapes von allen verstaue. Wer konnte wissen, ob das trockene Wetter hält. So bepackt machen wir uns auf den Weg raus. Unser Haus steht nur wenige Minuten vom Ortsrand entfernt, so dass wir nach einem kurzen Marsch durch das Wohngebiet an einem Feldweg sind. Dort kann Henry von der Leine und sein Hundeleben genießen. Mit sichtlichem Spaß beginnt er die Tour. Er rennt von links nach rechts und von rechts nach links. Einmal vor, das nächste mal 20 Meter hinter uns. Nate will versuchen, ob Henry sich aus dieser Situation abrufen lässt und gibt Henry das Kommando zu ihm zu kommen. Etwas widerwillig aber ohne große Zeitverzögerung macht sich Henry auf den Weg zu Nate. Zugegeben, der schnellste ist er nicht, aber er kommt. Das ist das Wichtigste.

Ein Stück weiter treffen wir Samuel, Corinna und Hans-Peter. Samuel ist ein Junge aus der Nachbarschaft, der ebenfalls mit seinem Hund, Tim, unterwegs ist. Corinna und Hans-Peter sind seine Eltern, die eher selten mit dem Hund zu sehen sind. Die beiden Hunde vertragen sich gut und so lässt Samuel Tim auch von der Leine. Die beiden Hunde toben auf der nahegelegenen Wiese, wie die Wilden. Wir unterhalten uns in der Zwischenzeit mit den Dreien. Das Hauptthema, wie sollte es anders sein, sind natürlich die Hunde. Allerdings scheinen die Eltern nicht viel von dem Thema wissen zu wollen. Samuel hingegen umso mehr. Er kann uns alles zur Rasse seines Hundes, zu den Charaktereigenschaften und den Besonderheiten von Tim berichten. Nach gut zwanzig Minuten sind beide Hunde so fertig, dass sie beide in der Wiese liegen und sich kaum noch bewegen wollen. Wir verabschieden uns und laufen weiter.

Nach gut einer Stunde sind wir wieder zu Hause. Wir wurden zwar vom Regen verschont, aber Henry ist von oben bis unten Nass. Das ist aber auch kein Wunder, immerhin hat Henry keine Wiese ausgelassen und diese waren vom Regen der letzten Stunden mit Wasser getränkt. Olivia steuert zielstrebig auf das Bad zu, um ein Handtuch für den Hund zu holen. Diesen Kampf lassen Selina, Nate und ich Olivia durchstehen. Abtrocknen gefällt Henry so gar nicht. In dieser Situation ist er stets im Kampfmodus. Sie beschließt, die neu gelernte Übung zu versuchen, legt das Handtuch neben sich und schnappt sich Henry. Auch bei Ihr bleibt Henry nach weniger als zwei Minuten liegen, obwohl sie Ihre Hände von ihm genommen hat. Sie nimmt das Handtuch und beginnt Henry abzutrocknen. Die erste Seite funktioniert sehr gut, als sie versucht Henry auf die andere Seite zu drehen beschließt er aber sich das nicht länger gefallen zu lassen. Ich muss zugeben, wir drei sind vom Zuschauen amüsiert, Olivia eher nicht. Aber auch den zweiten Kampf gewinnt sie und so macht sich ein trockener Henry auf zu seiner Trinkschale. Nach so viel Stress braucht er dringend einen Schluck Wasser.

Nach einem reichhaltigen Abendessen setzen wir uns vor den Fernseher. Da nichts Vernünftiges im Abendprogramm kommt schlägt Selina eine DVD vor. Diesem Vorschlag stimmen wir zu und so schaut sich die gesamte Familie noch einen Film an. Obwohl ich den Film schon mehr als einmal mit meiner Tochter angeschaut habe muss ich immer wieder schmunzeln. Letztendlich ist es die Geschichte eines Vaters, dessen Sohn entführt wurde und den er nun verzweifelt sucht. Um eine so schwere Kost in ein kindergerechtes Format zu packen haben sich die Macher dazu entschlossen, alles in den Ozean zu verfrachten und dem Vater einen sehr vergesslichen Fisch an die Seite zu setzen. Am Ende des Abends bleibt mir nur ein zentraler Spruch im Kopf, nämlich *Hey Dude*.

Olivia und ich machen die beiden Kinder fertig zum Schlafen gehen. Dabei merken wir, wie müde wir selbst sind. Wenige Minuten später machen wir uns selbst fertig und gehen ebenfalls schlafen. Im Bett lasse ich den Tag nochmals Revue passieren. Ich bin immer noch verblüfft, wie gut die letzte Übung funktioniert hat. Vor allem, wie schnell. Dieser Gedanke huscht noch kurz durch meinen Kopf, dann bin ich auch schon eingeschlafen.

9

Noch etwas müde laufe ich in die Küche. Es ist morgens, halb sechs. Der Businesstroley ist gepackt, die Reisetasche ebenfalls. Jetzt noch einen Kaffee trinken und vielleicht ein kleines Müsli essen, dann muss ich aber los. Immerhin habe ich noch eine lange Fahrt vor mir. Schätzungsweise sechs Stunden werde ich wohl im Auto verbringen.

Nach Wochen des Wartens ist nun endlich der Termin für den 2-tägigen Workshop gekommen. Eine halbe Stunde später sitze ich im Auto, im Kofferraum mein Gepäck und im USB-Slot meines Radios steckt ein Stick. Darauf ist ein Hörbuch über Unternehmensstrategien beziehungsweise erfolgreiches Change Management. Zum Glück ist es noch sehr früh am Morgen, immerhin sind heute rund 29° Celsius angekündigt. Jetzt, so früh, sind es sehr angenehme 17° und so hat meine Klimaanlage keine große Mühe, das Fahrzeug im Innenraum angenehm kühl zu halten.

Nach rund drei Stunden Fahrzeit brauche ich eine Pause. Beim nächsten Rasthof setze ich den Blinker und fahre rechts auf die Abfahrtsspur. Während ich einen Parkplatz suche sind meine Gedanken gefüllt mit Vorfreude auf den Workshop. Je länger wir in der Firma unsere regelmäßigen Sitzungen durchführen desto mehr bin ich überzeugt, dass wir ein Change-Management Projekt nötig haben. Inzwischen bin ich in der Raststätte angekommen. Während ich halb in Gedanken bei der netten Bedienung hinter der Theke einen Kaffee bestelle, wühle ich bereits in meiner Geldbörse nach Kleingeld. Eine Frage der netten Bedienung bejahe ich, ohne diese wirklich wahrzunehmen. Als ich meinen Kaffee bezahlen will muss ich feststellen, dass die letzte Frage der Bedienung wohl einer Mohnschnecke galt, die sie mir zum Kaffee verkaufen wollte. Etwas überrumpelt krame ich noch weiteres Geld aus meiner Geldbörse und bezahle. Wenn man nicht zuhört, dann muss man eben kaufen, zu was man Ja gesagt hat. Also mache ich mich mit einem Tablett, auf dem ein Milchkaffee und eine Mohnschnecke liegen, auf den Weg zu einem freien Tisch. Nach etwas 20 Minuten räume ich mein Tablet in einen dafür vorgesehenen Servierwagen. Wieder zurück im Auto starte ich den Motor und fahre zurück auf die Autobahn.

Na toll, einen Stau hätte ich nun wirklich nicht gebraucht. Zwei Stunden vor dem Ziel, inzwischen 24° Außentemperatur und nun stehe ich im Stau. So etwas braucht die Welt nicht. Die Klimaanlage bläst nun mit voller Kraft und trotzdem kommt sie gegen die Sonneneinstrahlung nicht an. Ich merke, wie mein Hemd am Rücken langsam feucht wird. Oh Mann, wie ich es liebe bei so einem Wetter stundenlang im Auto zu sitzen. Stück für Stück geht es im Stau voran. Gefühlte 100km später passiere ich eine Unfallstelle. Im Radio, auf den ich inzwischen umgeschaltet habe, geben sie für den Stau eine Länge von 5km an. Das kann ich nur sehr schwer glauben. Auf jeden Fall habe ich gut 30 Minuten verloren. Das Navi zeigt die Ankunftszeit an. Diese ist nun gut 10 Minuten später als zu Beginn meiner Reise.

Aber wenn ich mir die beiden völlig zerstörten Fahrzeuge auf dem Standstreifen anschaue, dann lieber Stau als in so einen Unfall verwickelt zu sein. Kaum bin ich an der Unfallstelle vorbei geht der Verkehr wieder ungehindert weiter. Um zumindest einen Teil der verlorenen halben Stunde wieder aufzuholen gebe ich kräftig Gas. Stellenweise zeigt mein digitaler Tacho im Armaturenbrett 240 Kilometer pro Stunde.

Pünktlich, wie beim Start im Navigationssystem angezeigt, fahre ich auf den Parkplatz des Tagungshotels. Vor und nach dem Stau scheine ich, durch meine sportliche Fahrweise, so viel Zeit gut gemacht zu haben, dass der Zeitverlust nicht weiter ins Gewicht fällt. Das Hotel sieht sehr edel aus. Zwei weiß bemalte Säulen säumen den Eingang. Die schwere Glasdrehtüre, durch die ich in die Lobby komme, sieht ebenfalls sehr teuer aus. Zielstrebig mache ich mich auf den Weg zur Anmeldung.

Hier kann man sich wohl fühlen. Aber zugegeben, das Seminar ist auch nicht wirklich günstig. Da sollte ein solches Hotel drin sein. Auch die Anmeldung ist nicht von schlechten Eltern. Hinter dem massiven Tresen stehen drei sehr gut gekleidete Mitarbeiter. Zwei weibliche und ein männlicher. Alle scheinen sehr freundlich zu sein. Eine der Damen lächelt freundlich und läuft in meine Richtung, während der Mann gerade ein Telefonat in Englisch führt. Ich erkläre ihr, dass ich für das Seminar des Unternehmens *Change Solutions GmbH* hier bin und auf meinen Namen ein Zimmer reserviert sein sollte. Nach einem kurzen Blick in den

PC steckt sie eine Karte in das Lesegerät am PC und wenige Sekunden später übergibt Sie mir diese.

Nach wie vor freundlich erhalte ich eine kleine Einweisung in das Hotel. Rechts neben der Anmeldung geht es zu den Seminarräumen. Die Seminarräume sind nach deutschen Städten benannt und der für mich relevante ist Stuttgart, der gegenüber von Berlin liegt. Was nun geografisch nicht unbedingt korrekt, aber für das Seminar nicht weiter von Bedeutung ist. Links, am Ende der Lobby, sind die Fahrstühle und das Treppenhaus. Von dort muss ich in den dritten Stock. Dort dann links den Gang entlang und das vierte Zimmer auf der rechten Seite ist die Nummer 314. Laut der Dame am Empfang soll es ein tolles Zimmer mit Fenster in den Innenhof sein, also besonders ruhig gelegen. Für mich auf jeden Fall genau das Richtige. Für unser Seminar ist zuvor noch ein kleines *meet & greet*, wie man so schön neudeutsch sagt, eingeplant. Daher empfiehlt sie eine halbe Stunde vor dem Beginn am Seminarraum zu sein. Dort stehen Getränke und kleine Köstlichkeiten bereit. Am Ende dieser ausführlichen Beschreibung wünscht sie mir einen tollen Aufenthalt und ich mache mich auf den Weg zum Aufzug.

Wow, denke ich bei mir. Eine solch nette Begrüßung hatte ich in einem Hotel selten erlebt. Diese war nicht nur freundlich, sondern auch kompetent. Es wurden alle wichtigen Details in wenigen Minuten erklärt, das Einchecken ging reibungslos und ich fühlte mich ab der ersten Sekunde willkommen. Da könnten sich viele andere Hotels eine Scheibe abschneiden. Mit diesen

Gedanken erreiche ich das Ende der Lobby. In deren Verlängerung führt ein Gang nach hinten. Rechts sehe ich zwei Aufzugtüren. Am Ende des vielleicht sieben Meter langen Gangs ist eine große, schwer anmutende Tür auf der *Treppenhaus* geschrieben steht. Nein, mit dem Gepäck habe ich nicht vor die Treppe zu benutzen. Also marschiere ich zielstrebig Richtung Aufzug. Auf den Knopf drücken brauche ich nicht, denn vor mir stehen bereits mehrere Personen, die bereits warten. Aus dem Lautsprecher ertönt das Klingen einer Glocke und wenige Augenblicke später öffnet sich die rechte Tür. Der Aufzug ist groß und geräumig, schnell steigen alle Wartenden inklusive mir ein. Mein Businesstroley, der alles enthält, was ich die nächsten zwei Tage benötige und meine Reisetasche sind schnell in der Ecke des Aufzugs verstaut. Während sich zwei Mitfahrer sehr angeregt unterhalten, stehe ich, in Gedanken versunken, da und warte bis die Türe sich öffnet. Im Display über der Tür wird die Zahl drei angezeigt, im gleichen Moment öffnet sie sich. Wie von der Dame an der Rezeption beschrieben wende ich mich nach links und gehe den Flur entlang. Dieser ist sehr hell, überall sind bodentiefe Fenster. Die Wände sind weiß und mit schönen Bildern aufgelockert. Schnell ist das vierte Zimmer erreicht und ich stecke meine Karte ins Schloss. Ein klicken ertönt, das Zeichen für den Türöffner. Ich drücke die Klinke und betrete mein Zimmer. Wie zu erwarten, ist auch das Zimmer modern, hell und geräumig. Hier lässt es sich in jedem Fall zwei Tage aushalten. Schnell stelle ich meinen Koffer ab, räume das Nötigste aus und mache

mich im Bad frisch. Nun bin ich bereit für das *meet &*
greet. Auf die Teilnehmer bin ich schon gespannt.

Unten in der Lobby angekommen laufe ich an der
Anmeldung vorbei geradeaus in Richtung Seminarräume. Das Seminar beginnt um 13 Uhr. Meine Uhr zeigt
kurz nach Zwölf. Aber die Dame sagte ja, wir sollen uns
ruhig eine halbe Stunde vorher einfinden. An den Seminarräumen München und Hamburg vorbei gelange ich
in einen Zwischenraum, von da aus kann ich auch die
Schilder der anderen Seminarräume lesen. Stuttgart
steht auf einem geschrieben. In diesem Zwischenraum
stehen mehrere Stehtische, auf denen Gebäck in schönen kleinen Schalen liegt. Vorne auf einem Tisch sind
massenhaft kleine Flaschen mit Saft und Wasser sowie
Gläser. Auf dem Tisch daneben ist eine Kaffeemaschine,
die neben klassischem Kaffee auch Cappuccino oder
Latte Macchiato machen kann. Für die Teetrinker steht
eine Holzbox daneben, in der verschiedene Teesorten
angeboten werden und eine Thermoskanne mit heißem
Wasser. Noch einen Tisch weiter sind dann die für Kaffee und Tee benötigten Tassen gestapelt. Auf einem
Monitor, der oben in der Ecke hängt kann ich erkennen, dass wir das einzige Seminar an diesem Tag sind.
Daraus schließe ich, dass alle Personen, die bereits vor
der Kaffeemaschine Schlange stehen, aus demselben
Grund hier sind wie ich.

„Sie sind auch für das Seminar hier?", frage ich den
Herrn vor mir in der Schlange.

„Ja, kann man so sagen. Mein Name ist Leonhard
Stein.", antwortet er.

Irgendwie kommt der Name mir bekannt vor. Nur woher ist mir im Moment nicht präsent. Daher bin ich einen Moment ruhig und überlege.

„Ich bin der Geschäftsführer von Change Solutions und werde Sie die nächsten zwei Tage auf Ihrem Weg der Erkenntnis begleiten.", fährt er dann fort.

„Ach ja stimmt. Ich habe mir gerade überlegt, woher ich Ihren Namen kenne. Schön, dann bin ich mal gespannt.", antworte ich.

So kommen wir ins Gespräch. Er beginnt mich sofort auszufragen. Ich erkläre ihm unsere Situation, die noch nicht auf eine Insolvenz hindeutet. So kritisch ist es noch nicht. 80% aller Teilnehmer kommen glücklicherweise bereits frühzeitig zu seinem Seminaren, wie mir Leonhard daraufhin versichert. Weiterhin bestätigt er mir, wie wichtig auch mein Kommen ist. Er ist überzeugt, dass ich für unser Unternehmen eine Menge mitnehmen kann. Auf seine Frage hin, ob ich bereit wäre mein Unternehmen als Beispiel vorne vorzutragen bestätige ich dies gerne. Inzwischen haben sich weitere Personen zu uns gesellt. In eine interessante Diskussion über mögliche Gründe für diese Situation vertieft unterbricht Leonhard, der mir bereits zu Beginn das Du angeboten hat, das Gespräch.

„Meine Damen und Herren, es ist Zeit zu beginnen. Bitte gehen Sie in den Raum Stuttgart und nehmen Sie Platz.", ruft er uns alle auf.

Ich nehme mir noch etwas zu trinken und folge der Menge in den Raum. Der Raum Stuttgart ist überaus großzügig. Das leise brummen, das ich hören kann,

scheint von der Klimaanlage zu kommen. Es stört nicht
weiter und ehrlich gesagt ist ein klimatisierter Raum bei
diesen Außentemperaturen für ein solches Seminar Gold
wert. Die Tische in dem Raum sind in einem U ange-
ordnet. An jedem Tisch stehen zwei Stühle. An jedem
Platz liegen ein kleiner Block, ein Kugelschreiber und
ein Ordner auf dem groß - *Change Solutions GmbH –
Erfolgreiche Change-Management Projekte für Ihre Zukunft* - geschrieben steht. Mein Getränk mitzubringen
hätte ich mir sparen können. Auf jedem Tisch steht ein
Glas für jeden Teilnehmer, Wasser in 1 Liter Flaschen
und kleine Saftflaschen. Vorne beleuchtet der Beamer
die weiße Leinwand, daneben stehen ein Flipchart und
eine Tafel. Auf der Leinwand begrüßt uns derselbe
Spruch, der auch auf den Ordnern steht. Zielstrebig
gehe ich auf einen Stuhl an der Stirnseite der U-
Formation zu. Von dort aus hat man die beste Sicht
nach vorne. Rechts von meinem Platz sitzt bereits ein
etwas älterer Herr, links eine sehr adrette Frau, ungefähr
in meinem Alter. Als ich mich setze nicke ich beiden
kurz zu. Zu einer ausführlichen Vorstellung reicht die
Zeit leider nicht, denn Leonhard beginnt sofort mit
seinem Vortrag.

„Meine Damen und Herren, ich begrüße Sie zu unserem zweitätigen Workshop *Erfolgreiche Change-
Management Projekte für Ihre Zukunft*. Mein Name ist
Leonhard Stein und ich bin einer der Geschäftsführer
der Change Solutions GmbH.", beginnt er seinen Vortrag. „Wir werden gemeinsam sehr tief in ein, für den
einen oder anderen, sehr unangenehmes Thema einstei-

gen. Aus diesem Grund möchte ich ihnen allen hiermit das Du anbieten. Ein persönliches Thema sollte man in einer persönlichen Atmosphäre angehen. Hat jemand etwas dagegen?"

Keiner der Beteiligten meldet sich und so fährt Leonhard fort. Sein nächster Punkt sind organisatorische Dinge. Wie oft machen wir Pause. Zu welchen Zeiten bekommen wir etwas zu essen. Wie ist der Workshop aufgebaut und was haben wir zu erwarten.

„Nach diesen organisatorischen Dingen kommen wir zu den Grundlagen", fährt er fort. „Change-Management ist Psychologie! Nichts Anderes, meine Damen und Herren. Wir alle, egal ob Geschäftsführer, Mitarbeiter oder Angestellte. Egal, ob im Privatleben, beruflich oder in einem anderen Kontext, wir haben eine Komfortzone. Das ist die Zone, in der wir uns wohl fühlen. Vielleicht kennt ihr das von euch selbst. Der Eine hat kein Problem damit andere nach dem Weg zu fragen, der Andere schon. Obwohl es dieselbe Situation ist, empfinden zwei Personen völlig unterschiedlich. Unterschiedliche Personen haben unterschiedliche Komfortzonen. Aber eines haben wir alle gemeinsam. Wir verlassen unsere Komfortzone nur sehr ungern. Beim Change-Management ist es dasselbe. Change bedeutet Veränderung und Veränderung bedeutet das Verlassen der Komfortzone. Damit komme ich bereits zum Kern, das ist nämlich der Grund, warum so viele Veränderungsprojekte scheitern. Während der Geschäftsführer und sein Management vielleicht wissen, wie wichtig eine Veränderung ist und deshalb bereit sind Ihre Komfortzone zu verlassen, stehen hunderte von Mitarbeitern da und haben nicht im Geringsten vor I H R E Komfortzone zu verlassen. Wochen nach dem Projektstart stellt das Management dann fest, dass sich kaum etwas verändert hat und versteht die Welt nicht mehr." Mit deutlich erhobener Stimme fährt Leonhard fort: „Meine Damen und Herren, das ist das Problem! Ihr seid nicht der Chef und Ihr sagt nicht wo es langgeht. Bei einem Veränderungsprojekt seid Ihr *Bittsteller*. Ihr bittet die Mitarbeiter darum, sich zu verändern. Ihr bittet die Mitarbeiter ihre Komfortzone zu verlassen!"

Das ist der erste AHA-Effekt. In weniger als zehn Minuten hat Leonhard es geschafft. Ich bin gefesselt von seiner Präsentationstechnik. Alles, was er sagt, stimmt und wenn ich so in die Runde schaue, dann bin ich nicht der Einzige, der sich im Gesagten absolut wiederfindet.

„Aber, bevor wir uns überlegen, wie Ihr eure Mitarbeiter motivieren könnt, eine konkrete Frage.", beginnt er und macht dann eine lange Pause. „Seid Ihr schon bereit euch zu verändern? Manche vielleicht schon, andere sicher noch nicht. Aber Veränderung fängt klein an. Aus diesem Grund möchte ich eine Regel in diesem Workshop einführen. Nach jeder Kaffeepause setzt Ihr euch bitte an einen anderen Platz. Um die Regel noch etwas spannender zu machen dürft ihr euch nicht neben dieselben Teilnehmer setzen, neben denen ihr vor der Pause gesessen seid. Also einfach gemeinsam den Tisch wechseln ist nicht drin. Warum machen wir das?" Nach einer weiteren Pause macht er weiter: „Ganz einfach.

Das ist Veränderung und dem einen fällt es leicht, dem anderen nicht. Aber euer Unterbewusstsein wird neugierig. Denn unser Unterbewusstsein öffnet seine Kanäle immer dann, wenn es erwartet etwas Neues zu lernen und Veränderung ist ein Signal. Im Klartext bedeutet das, wenn ihr selbst bereit seid mit kleinen Veränderungen euer Gehirn neugierig zu machen, fällt euch das Verlassen der Komfortzone bei einer größeren Veränderung leichter. Außerdem profitiert Ihr nicht nur von meinem Vortrag, sondern auch von den anderen Teilnehmern und da macht es doch Sinn, dass Ihr ständig wechselt und so neue Leute kennenlernt. Als kleinen Nebeneffekt lernt Ihr Dinge aus unterschiedlichen Blickwinkeln zu betrachten. Das mag blöd klingen, aber durch eure ständig wechselnde Sitzposition habt ihr auch hier stets einen neuen Blickwinkel."

Dies erläutert Leonhard noch weiter und unterstreicht es mit einer Geschichte. Gespannt sitze ich da und höre zu. Einige der Teilnehmer schreiben eifrig alles auf. Ich für meinen Teil bin eher der Zuhörer. Wenn ich mitschreibe konzentriere ich mich zu sehr auf mich selbst und bekomme nichts mit. Bereits im Studium habe ich dies für mich entdeckt und mich seither immer daran gehalten. Andere Studenten interpretierten dies als Faulheit, aber das war überhaupt nicht so. Was ich aber auch bei den anderen erkennen kann ist die Konzentration auf Leonhard. Er scheint seinen Job zu verstehen und andere zu fesseln. Bei seiner imposanten Erscheinung auch kein Wunder. Er ist sicherlich 1,85m groß und hat eine etwas üppige Figur. Verbunden mit seiner Ausstrahlung macht ihn genau dies sympathisch. Ihm würde wohl ein Eskimo einen Kühlschrank abkaufen, wenn er es darauf anlegen würde. Nach den Ausführungen zur Psychologie sollen wir den Ordner aufschlagen. Darin enthalten, auf Seite 23, ist ein Arbeitsblatt. Die Aufgabe ist denkbar einfach. Wir sollen uns unsere Firma vorstellen und das bisher gehörte darauf übertragen. Unsere Erkenntnisse sollen wir schriftlich festhalten. Gesagt, getan. Während dieser Aufgabe habe ich auch Zeit mit meinen Sitznachbarn etwas zu reden. Die adrette Frau links von mir ist kaufmännische Leiterin in Ihrem Unternehmen. Das Unternehmen beabsichtigt die Firmenphilosophie grundlegend zu ändern und hierfür ist sie in diesem Workshop. Ihr Name ist Elvira und sie ist tatsächlich so alt wie ich. Mit Ihr unterhalte ich mich sehr angeregt. Gespannt hört sie meinen Ausführungen zu, denn im Prinzip haben wir genau dasselbe Dilemma. Der ältere Herr beteiligt sich ebenfalls am Gespräch und erzählt von seiner Fensterbaufirma. Diese steht auch an einem Scheideweg. Mit rund 18 Mitarbeitern ist sie ein Handwerksbetrieb. Mit noch mehr Wachstum müsste diese sich aber zu einem Industriebetrieb verändern. Uwe erzählt, dass genau hier die Schwierigkeit liegt. Denn im Handwerk geht es eben relativ unstrukturiert zu, wenn er aber von 18 auf 80 Mitarbeiter wachsen würde, müssten klare Strukturen geschaffen werden. Hierin sieht er eine Gefahr und besucht deshalb das Seminar. Ich finde es sehr interessant, wie unterschiedlich unsere Unternehmen, Branchen und Probleme sind und doch ist der Kern derselbe. Offensichtlich sind *Menschen* das Thema. Leonhard hatte dies ja schon in den ersten zehn Minuten des Seminars erklärt.

Zum Ende dieser Übung gibt Leonhard die erste Pause bekannt. Elvira, Uwe und ich stellen uns in der Schlange an der Kaffeemaschine an. Während wir eine Position nach der anderen nach vorne wandern unterhalten wir uns über die ersten gewonnen Eindrücke. Uwe ist noch ein Geschäftsführer vom alten Schlag. Dass er ein Bittsteller bei seinen Mitarbeitern sein soll mag er noch nicht so recht akzeptieren. Für mich hingegen ist das schon einleuchtend. Sprüche wie *das haben wir schon immer so gemacht* oder *das kann doch nicht funktionieren* sind mir nur zu gut bekannt. Zwar nicht aus der aktuellen Firma, aber bei meinem vorherigen Arbeitgeber hatte ich diese Sprüche oft genug gehört. Und, auch wenn man als Chef das vielleicht gerne hätte, diese Sprüche kann man nicht mit Gewalt beseitigen. Als ich noch nicht Chef war ging es mir nicht anders. Auch ich habe gelegentlich Dinge geblockt. Nicht absichtlich, sondern unterbewusst. Elvira stimmt meiner Meinung zu. Auch Sie überlegt sich schon seit geraumer Zeit, wie sie ihre Mitarbeiter abholt, anstatt diese zu zwingen. Mitten im Gespräch ist die Pause auch schon wieder vorbei. Ich nehme den letzten Schluck aus meinem Latte Macchiato Glas und mache mich auf den Weg zurück in den Konferenzraum. Wie von Leonhard gewünscht schnappe ich meinen Notizblock, meinen Stift und meinen Ordner und wechsle den Platz. Während der Pause wurden die Gläser ausgetauscht, so dass jeder Platz wieder wie neu ist.

„Ich hoffe ihr hattet in der Pause angeregte Gespräche. Falls nicht, keine Angst, das Unterbewusstsein verarbeitet die Informationen automatisch.", fährt Leonhard fort. „Vor der Pause hatten wir über die Psychologie gesprochen und darüber, dass wir in Change-Projekten alle Bittsteller sind und kein Chef. OPM, also *Order per Mufti*, oder, wie es eigentlich richtig heißt *per Order di Mufti*. Also undurchsichtige, von oben angeordnete Verordnungen werden nie funktionieren. Soweit sollten wir uns einig sein. Damit kommen wir schon zu den sechs Ebenen des Widerstands. Diese wurden von Goldratt in seiner Theory of Constraints formuliert und sind eigentlich sieben. Stellt euch vor Ihr habt ein Projekt. Nicht einmal ein Change-Projekt. Etwas kleineres, einfach ein Projekt. Darin habt Ihr mehrere Teammitglieder und das Projekt kommt nicht in Schwung. Das könnte vielleicht daran liegen, dass Ihr nicht alle das Verständnis vom selben Problem habt. Wisst Ihr, wie ich meine?"

Hmm, ich für meinen Teil verstehe es nicht. Wenn man ein Projekt hat, dann gibt es einen Grund für dieses Projekt, also gibt es auch ein Problem. Wie sollen da andere Teammitglieder ein anderes Problem haben? Ich schaue in die Runde und entdecke viele fragende Gesichter. Auch mein Sitznachbar links von mir schaut ratlos umher.

„Ich sehe, es ist noch nicht ganz klar. Machen wir ein konkretes Beispiel.", ergänzt Leonhard. „Stellt euch vor, es geht um ein Sommerfest im Unternehmen. Konkret, um die Frage, ob ein Taxiunternehmen beauftragt wird. Bei deinem Team handelt es sich um eine aus der Buchhaltung, einen aus der Fertigung, den Chef, also Dich und vielleicht noch einen ausländischen Mitarbeiter einer beliebigen Abteilung. Du, als Chef, hast die Angst, dass dann zu viel getrunken wird und das Fest aus dem Ruder läuft. Das ist Dein Problem. Die Buchhaltung überlegt schon eifrig, wie Sie diese Kosten absetzen soll. Das ist deren Problem. Der ausländische Mitarbeiter ist Abstinent und versteht überhaupt nicht, wo ein Problem liegt und der Fertigungsmitarbeiter wohnt um die Ecke und versteht nicht für was ein Taxi benötigt wird. Wird es jetzt klar? Dieselbe Aufgabenstellung und jeder hat ein anderes Problem. Genau so, nur mit einer deutlich höheren Tragweite, verhält es sich im Change-Management. Dies ist die erste Ebene des Widerstands. *Haben alle dasselbe Problem?* Zuerst müssen alle dasselbe Problem haben, denn nur so arbeiten alle an derselben Lösung."

Leonhard schaut wieder in die Runde. Diesmal sieht es aus, als ob es den meisten klar wäre. Was so eine kleine Geschichte für eine Wirkung haben kann. Ohne diese Informationen hatte es keiner Verstanden, kommt ein Sommerfest ins Spiel ist alles klar. Ich schaue meinen rechten Nachbarn an und erhalte ein kaum sichtbares Nicken. Er scheint mir signalisieren zu wollen, dass es zumindest für Ihn klar ist.

„Damit kommen wir unmittelbar zur zweiten Ebene. Diese ist *haben wir dieselbe Lösung?* In dieser Ebene haben alle dasselbe Problem und trotzdem können unterschiedliche Lösungen angedacht werden. Um gemeinsam zu einem Erfolg zu kommen ist es jedoch notwendig, dass man sich auf eine Lösung für ein Problem fokussiert. Natürlich muss das nicht von der ersten Sekunde an so sein. Es können in einem Findungsprozess mehrere Lösungen diskutiert werden, aber am Ende muss das Team eine Lösung für sich akzeptieren. Unmittelbar an diese Stufe knüpft die dritte Ebene an. *Glauben alle an die Nachhaltigkeit dieser Lösung?* Das ist wieder Psychologie. Euer Team, bei einem Change-Projekt also die gesamte Firma, muss die Lösung nicht nur akzeptieren, sondern auch als nachhaltige Lösung anerkennen. Nun ist es allerdings sehr schwer die Nachhaltigkeit zu belegen, bevor die Lösung umgesetzt ist. Dies ist sicherlich eine besondere Hürde. Ist diese geschafft sind wir aber noch lange nicht am Ende. Sind wir soweit beieinander?", macht Leonhard eine Pause und schaut in die Menge.

Ich spüre, wie sein Blick zu mir geht. Mit einem Nicken bestätige ich seine Frage. Andere sind vertieft in Ihren Block und schreiben, was das Zeug hält. Ich bin immer noch total gefesselt von seinem Vortrag. Es ist unglaublich, wie man in vier Stunden so die Augen geöffnet bekommen kann.

„Kommen wir also zur vierten Ebene des Widerstands. Übrigens, wenn wir die Ebenen durch haben gehen wir gemeinsam zum Abendessen. Danach werden wir eine Gruppenarbeit machen für die Ihr gute zwei Stunden Zeit habt. Dann ist für heute Schluss. Also nochmals ne halbe Stunde Aufmerksamkeit, dann gibt es leckeres Essen.", fängt er uns wieder ein. „Wir sind bei der vierten Ebene. Dies ist die *Angst vor negativen Folgen*. Negative Folgen bei einem Change-Projekt können tiefgreifend sein. Beispielsweise wenn ich mitmache rationalisiere ich meinen eigenen Arbeitsplatz weg. Oder so banal wie, meine jetzige Tätigkeit gefällt mir, da kenne ich mich aus, eine Umstrukturierung wird dies verändern. Hier kann es ein guter Trick sein, die neue Tätigkeit wichtiger als die bisherige darzustellen. Der Fachausdruck hierfür nennt sich Reframing. Ich hoffe das ist klar. Kommen wir direkt zur fünften Ebene. Das ist schlicht die *Angst vor Problemen bei der Umsetzung*. Das absurde daran ist, das diese Angst genau das Problem beinhaltet. Probleme bei der Umsetzung sind die Ängste der Teilnehmer. Derjenige, der in der Angst der fünften Ebene gefangen ist hat also theoretisch Angst vor sich selbst, weil er selbst der ist, der das Projekt behindert. Ihr versteht? Damit kommen wir zur letzten Ebene. Das ist keine direkte Angst mehr, sondern viel mehr die Erwartung, dass jemand anders sich zuerst bewegen soll. Nennen wir es die *unerklärbare Angst*. Das Problem ist klar, die Lösung auch. Sie wird als nachhaltig angesehen und alle Konsequenzen, die dagegen sprechen wurden eliminiert oder akzeptiert und trotzdem will man nichts tun. Das ist die schlimmste Ebene. Sie wirkt, wie ein Guerilla-Kämpfer, im Verborgenen und ist deshalb so schwer zu identifizieren und zu bearbeiten."

Unmittelbar nach den Ausführungen von Leonhard beginnt eine rege Diskussion über die verschiedenen Ebenen. Sie ist so angeregt, dass die gesteckte Uhrzeit deutlich überschritten ist. Leonhard übernimmt daher das Wort: „So, mit dieser schweren Kost möchte ich euch aber nun zum Abendessen entlassen. Genießt das Essen und die Gespräche. Selbstverständlich stehe ich auch in der Pause zur Verfügung."

Wie ein Rudel Wölfe folgen wir Leonhard in den Speisesaal. Dort angekommen muss ich erkennen, dass auch hier keineswegs gespart wird. Leicht erhöht, über dem kalten Buffet, thront ein ganzer geräucherter Lachs. Das kann sich sehen lassen. Neben kalten gibt es auch eine reichhaltige Auswahl an warmen Speisen. Da ich mit meinen Nebensitzern des zweiten Blocks keinen großen Kontakt hatte, scanne ich die Umgebung nach Elvira und Uwe. Uwe entdecke ich als erstes. Er sitzt bereits daher nehme ich meinen halb gefüllten Teller und laufe zu ihm rüber. Als er mich kommen sieht, lädt er mich direkt auf den Platz neben sich ein und stellt mir Stefan vor, seinen Nebensitzer von gerade eben. Das Thema sind, wie sollte es anders sein, die sechs Ebenen des Widerstands. Eine angeregte Diskussion ist im Gange. Nebenher genieße ich mein Essen und schöpfe gefühlte zehn Mal nach. Aber zugegeben, es ist auch sehr lecker. Alle am Tisch sind voll des Lobes für Leonhard. Schon allein der erste Tag hat die hohe Teilnehmergebühr gerechtfertigt. Für das Essen ist eine Pause von einer Stunde vorgesehen. Diese ist, wie jede Pause, viel zu schnell um. Leonhard ruft alle auf, sich für die abschließende Aufgabe des Tages wieder im Raum Stuttgart einzufinden. Nach und nach stehen alle auf und machen sich auf den Weg. Wenige Minuten später ist auch der letzte im Raum angekommen.

Leonhard gibt nun die Aufgabe Preis. Ziel ist es, aus den Teilnehmern Gruppen von 6-8 Leuten zu bilden. Jeder Teilnehmer zieht anschließend aus einer Auswahl an Zetteln einen heraus. Dieser enthält neben der Position im Unternehmen auch das Verhalten der Person. Also auch, in welcher Ebene der Widerstände derjenige feststeckt. Dann zieht wiederum die Gruppe aus einem Aufgabenpool jeweils eine Aufgabe. Hier soll das Ziel sein, mit einer bunt gemischten Gruppe die einzelnen Widerstandsebenen zu erkennen und erfolgreich zu klären. Ein Blick auf die Uhr verrät mir, dass es nun kurz vor Acht ist. Wie angekündigt haben wir für diese Aufgabe rund zwei Stunden Zeit. Extra hierfür stehen die Räume München und Hamburg zur Verfügung, so dass jede der drei Gruppen sich in einen Raum zurückziehen kann. Die Gruppenmitglieder können wir frei wählen und so wandert mein Blick automatisch zu Uwe, Stefan und Elvira. Als ich Blickkontakt aufnehme nicken mir alle zu. Damit ist das Team zu zwei Dritteln komplett. Elvira bringt noch Silvia mit dazu, die Sie inzwischen näher kennengelernt hat. Auch Stefan winkt noch einen sportlichen jungen Mann mit in die Runde. Er stellt sich als Eberhart vor. Wir gehen zu Leonhard und ziehen brav unsere Positionen und unsere Aufgabe. Ich ziehe die Position des gut bezahlten Spezialisten, der in der vierten Ebene der Widerstände blocken soll. So machen wir uns auf den Weg. Elvira öffnet die Tür zum Raum München. Allerdings hat es sich hier schon eine Gruppe gemütlich gemacht, so dass wir uns dann für den Raum Hamburg entscheiden.

Die nächsten zwei Stunden sind wieder gespickt mit interessanten Erkenntnissen. Ich bin froh, dass ich nicht die Position des Geschäftsführers gezogen habe, den hat Stefan erwischt. Dessen nicht ganz einfache Aufgabe ist nämlich, das Projekt durch alle Ebenen des Widerstands zu führen. Nach den zwei Stunden sollen wir ein tragfähiges Konzept mit der gesamten Truppe erarbeitet haben. Aber ehrlich gesagt, nehmen wir unsere Aufgabe ernst und halten den Widerstand sehr lange aufrecht. Wir machen es Stefan richtig schwer. Aber keinen Deut besser ergeht es jedem von uns täglich in unseren Projekten. Schlussendlich sind wir doch recht erfolgreich und können mit einem guten Gefühl und einem sehr guten Ergebnis wieder zurück in den Raum Stuttgart. Leonhard wartet schon. Wenige Minuten nach uns kommt dann auch die letzte Gruppe in den Raum.

Mit einem leichten lächeln begrüßt Leonhard die Gruppen. Er eröffnet uns, dass wir alle dieselbe Aufgabenstellung hatten. Sofort starten Gespräche in Kleingruppen. Es ist deutlich zu spüren, dass jeder für heute genug hat. Die Besprechung der Aufgabe ist daher nach wenigen Minuten erledigt. Leonhard bedankt sich für den ersten Tag und entlässt uns für heute. Es wäre zwar interessant mit den Anderen noch in die Bar zu gehen und zu sprechen, aber ich entscheide mich dagegen. Ich verabschiede mich von den restlichen Teilnehmern und mache mich auf den Weg zum Zimmer. Bereits auf dem Weg wähle ich an meinem Mobiltelefon die Nummer von zu Hause. Mit etwas Glück kann ich den Kindern noch gute Nacht sagen.

Nach einem kurzen Klingeln meldet sich Olivia. Ich freue mich, Ihre Stimme zu hören. Zugegeben, ich bin etwas erschöpft, aber ohne das Telefonat würde ich sicher nicht so gut schlafen. Im Hintergrund höre ich die Kinder. Sie wollen unbedingt mit mir sprechen. Olivia schaltet den Lautsprecher ein und ich erzähle den Dreien, wie mein Tag war. Von den wertvollen Tipps bezüglich der Psychologie und von den sechs Ebenen des Widerstands. Natürlich auch von der Übung und dem guten Essen. Als ich schon beinahe durch bin will Selina nochmal genau die sechs Ebenen des Widerstands hören. Mit leicht genervtem Ton erkläre ich Ihr alle sechs nochmals.

„Papa, das mit der gemeinsamen Lösung ist dasselbe, wie bei der Erziehung von Henry. Stimmt´s?", ruft Selina mit einem schallenden Lachen.

So hatte ich das noch nicht gesehen, aber Sie hat offensichtlich Recht. Psychologie war wohl selbst bei uns zu Hause ein Thema. Für diese Feststellung lobe ich meine Tochter und wünsche Nate und Selina eine gute Nacht. Olivia schaltet den Lautsprecher aus und schickt die beiden ins Bad. So haben wir zwei noch ein paar Minuten für uns, bevor ich mich völlig erschlagen von Ihr verabschiede und mich ins Zimmer begebe.

Dort angekommen lasse ich meine Geldbörse und die Zimmerkarte auf den Schreibtisch fallen. Ich nehme den direkten Weg ins Badezimmer. Während ich mich ausziehe und unter die Dusche gehe, muss ich ständig an die Aussage von Selina denken. Ich weiß nicht, warum mir das nicht aufgefallen ist. Aber Selina hat den Nagel auf den Kopf getroffen. Die Hundeerziehung ist letztendlich nichts anderes. Ich bin mir ehrlich gesagt nicht einmal sicher, ob wir bei Henry in der ersten Ebene des Widerstands, also in der Sicht des Problems, übereingestimmt haben. Aber in jedem Fall waren unsere unterschiedlichen Erziehungsansätze, ein typischer Fall von Ebene zwei. Wir hatten alle eine andere Lösung parat. Unglaublich. Sollte das Unternehmen etwa vergleichbar mit der Hundeerziehung sein?

Die Dusche ist ungewohnt groß und hat einen ebenerdigen Zugang mit einer Duschkabine aus Klarglas. Der große Rainshower-Duschkopf lässt das Wasser ganz sanft auf mich herabprasseln. Die Temperatur des Wassers ist sehr angenehm, wirkt aber eher einschläfernd auf mich. Nach wenigen Minuten trete ich heraus, nehme mir mein großes Duschtuch und trockne mich ab. Während der ganzen Zeit kreisen meine Gedanken immer wieder um das heute Erlebte, die Aussage von Selina und um das Unternehmen. Ich habe endlich das Gefühl auf dem richtigen Weg zu sein. Nachdem ich meine Zähne geputzt habe wandere ich, schlaftrunken, in Richtung Bett. Einen Gedanken später bin ich bereits im Land der Träume.

Um halb Acht klingelt der Handywecker. Ein Blick aus dem Fenster lässt erneut einen sehr warmen Tag erahnen. Vielleicht kann ich vor dem Seminar noch einige Schritte laufen. Schnell mache ich mich auf ins Bad. Anschließend ziehe ich meine Trainingshose und mein Shirt an. Gut, dass ich das vorsorglich mitgenommen habe. Vor dem Hotel angekommen sehe ich ein Schild, das in Richtung Park weist. Mit langsamem Laufschritt folge ich der Beschilderung. Ich zähle die Schritte vor mich hin, bei 500 halte ich an und mache 50 Liegestütze. Die Temperatur ist noch angenehm kühl. Genau richtig für die körperliche Betätigung. Nach einer guten halben Stunde fühle ich mich ausreichend ausgepowert und mein Weg führt mich zurück ins Hotel. Im Zimmer angekommen mache ich mich bereit für die Dusche. Heute Morgen wirkt diese deutlich erfrischender, als am Abend zuvor. Ein Blick auf die Uhr verrät mir, dass es Zeit für das Frühstück wird. Nachdem ich gestern mit einem Hemd und einer Stoffhose im Seminar saß entscheide ich mich heute für die lockere Variante und wähle ein Polo-Shirt in schwarz mit Aufdruck und eine bequeme Jeanshose. Auch die Schuhe sind heute eine Spur bequemer als die Lederhalbschuhe von gestern. So ausgestattet schnappe ich meine benötigten Utensilien und mache mich auf den Weg zum Speisesaal.

Wie zu erwarten ist das Frühstücksbuffet ebenso üppig ausgestattet, wie das abendliche Buffet gestern. Neben diversen Brot- und Brötchensorten kann ich Wurst, Käse, verschieden zubereitete Eier und ein reichhaltiges Müslibuffet entdecken. Selbst eine Flasche Sekt steht im Kühler bereit. Allerdings wohl eher für die Personen, die zur Entspannung im Hotel sind. Für ein

Seminar eher ungeeignet. Ich nehme mir ein Brötchen mit Butter und Honig. Als Getränk wähle ich zuerst eine Latte Macchiato, wie immer eben. Als ich der Kaffeemaschinen näher komme muss ich jedoch an die Worte von Leonhard denken, der auf kleine Veränderungen hingewiesen hat. Daher stelle ich das Glas ab und wähle diesmal einen Cappuccino. Schließlich will ich von dem Seminar so viel mitnehmen wie möglich. Bewaffnet mit meinem Teller und einer Tasse frischen Cappuccino mache ich mich auf den Weg zu einem der Tische. Als ich in die Runde schaue sehe ich Eberhard, von gestern Abend und steuere auf ihn zu.

„Guten Morgen Eberhard, na gut geschlafen?", beginne ich das Gespräch.

„Guten Morgen, ja sehr gut und selbst?", erwidert er.

„Danke der Nachfrage. Super geschlafen, heute Morgen schon Sport gemacht und nun bereit noch mehr zu lernen", antworte ich.

Mit diesem kurzen small talk setze ich mich und beginne mein Brötchen aufzuschneiden. Wir unterhalten uns sehr gut und so vergeht das Frühstück wie im Flug. Eberhard blickt auf die Uhr und wendet seinen Arm in meine Richtung. Offensichtlich möchte er zum Seminarraum aufbrechen. Ich trinke noch meinen letzten Schluck vom Cappuccino aus und laufe Eberhard hinterher. Auf dem Buffet sehe ich in einer Schale leckere Orangen, Äpfel und Bananen. Daher mache ich noch einen kleinen Abstecher, greife mir einen Apfel und folge ihm dann.

Im Zwischenraum stehen schon die meisten Teilnehmer. Auch Elvira, Stefan und Silvia stehen an einem der Tische mit einem Kaffee in der Hand. Da die Kaffeemaschine gerade frei ist gehe ich auch rüber und lasse mir einen weiteren Cappuccino raus. Apfel links, Cappuccino rechts gehe ich in Richtung des Tisches der drei, an dem inzwischen auch Eberhard steht. Mit einem freundlichen *Guten Morgen* stelle ich mich dazu. Tischthema ist die Gruppenarbeit von gestern. Einige Verbesserungsvorschläge werden schon heiß diskutiert. Besonders Elvira hat sich gestern Abend offensichtlich viele Gedanken gemacht. Im Gespräch erfahre ich auch, dass ich einer der wenigen war, die gestern Abend nicht in die Bar gingen. Bei einem Cocktail haben sich viele der Teilnehmer noch ausgetauscht. Wenn ich dies so höre bin ich fast ein wenig enttäuscht, dass ich gestern keine Kraft mehr hatte. Ich beschließe, dies heute nachzuholen. In diesem Moment ertönt die wohl bekannte Stimme von Leonhard, der den Start des zweiten Seminartages ausruft. Nach und nach setzen sich die Teilnehmer in Bewegung.

„Guten Morgen zusammen. Ich hatte gestern in der Bar noch einige sehr interessante Gespräche, danke dafür.", eröffnet Leonhard. „Fassen wir gestern nochmals kurz zusammen. Wir hatten zuerst die Psychologie. Das Thema mit der Komfortzone verlassen. Ihr habt auch gehört, dass ihr in einem Change-Projekt immer nur Bittsteller seid. Dazu fällt mir noch eine kleine Ergänzung ein, die ich nachher noch gerne bringen möchte, aber zuerst das Resümee. Weiterhin haben wir die sechs

Ebenen des Widerstands kennengelernt. Könnt ihr mir die nochmals aufzählen?"

Einige Hände in der Gruppe gehen sofort nach oben. Getreu dem Motto *gemeinsam sind wir stark* beginnen einige mit der Aufzählung. *Einigkeit über das Problem, Einigkeit über die Lösung, Glaube an die Nachhaltigkeit der Lösung, Angst vor eigenen Nachteilen, Angst vor Hindernissen in der Umsetzung und Unerklärbare Angst.*

„Schön, ich sehe es ist doch einiges hängengeblieben.", fährt Leonhard fort. „Im Anschluss kam noch die Gruppenarbeit. Wie ich gestern in der Bar gehört habe waren dort schon ordentlich AHA-Effekte zu verzeichnen. Das freut mich. Für alle, die nicht in der Bar dabei waren, macht euch keinen Kopf, ihr werdet heute noch genug Gelegenheit zum Austausch haben."

Leonhard macht eine kurze Pause und versinkt sichtlich in Gedanken, dann macht er weiter: „So kommen wir zu meinem kleinen Einschub. Bandler und Grinder haben NLP erfunden. NLP steht für Neurolinguistisches Programmieren. Aber das ist für euch zunächst nicht wichtig. Die Annahmen daraus sind für euch jedoch sehr interessant. NLP ist sehr weitreichend, für euch aber nur so viel, NLP geht davon aus, dass wir unter anderem von sogenannten Glaubenssätzen gesteuert werden. Glaubenssätze sind Annahmen, die wir aus Erfahrungen oder der Erziehung für uns abspeichern und die zu einem großen Teil unsere Fähigkeiten und Entscheidungen beeinflussen. Also, wenn ihr der Meinung seid ihr schafft etwas nicht ist das ein Glaubenssatz. Das blöde daran ist, wenn ihr das glaubt wird es auch so sein. Oder kennt ihr einen Spitzensportler, der vor einem Turnier sagt *ich schaffe das nicht* und dann doch siegt? Wohl eher selten. Wenn ihr das soweit habt, dann kommt jetzt das eigentlich Interessante. Denn, Robert Dilts, ein weiterer sehr bekannter NLP-ler, hat sich in seinem Buch *Changing Belief Systems with NLP* mit diesem Thema beschäftigt. Er kommt zu dem Schluss, dass wir die Glaubenssätze anderer nicht ändern können. Wir können Ihnen nur helfen, sie selbst zu ändern. Wenn wir also davon überzeugt sind und ich bin es, dann wird nochmal klarer, warum wir Bittsteller sind und nicht per OPM eine Änderung erzwingen können. Seid Ihr da bei mir? Das ist eine wichtige Erkenntnis und aus den Gesprächen gestern Abend haben ich herausgehört, dass dies noch nicht allen hundertprozentig klar ist."

Die gesamte Runde ist in sich gekehrt und jeder macht sich Gedanken über das Gesagte. Ich blicke instinktiv zu Uwe rüber. Der war gestern ja ebenfalls noch nicht so überzeugt davon als Bittsteller agieren zu müssen. Aber in seinem Gesicht kann ich nicht erkennen, ob er inzwischen überzeugt ist oder noch nicht.

Leonhard nimmt einen neuen Anlauf: „Kommen wir zum heutigen Tag. Ich hoffe, heute werden wir nochmals einige AHA-Effekte setzen können. Wobei ich keine Hoffnung brauche, denn ich habe den Glaubenssatz, dass ich das schaffen werde. Wir werden heute viel über den Begriff Fokus lernen. Fokus kennt ihr alle, nicht wahr?"

Leonhard wartet das Nicken der Gruppe ab und fährt dann fort: „Schön, Fokus gibt es nicht nur beim Fotoapparat. Fokus ist in unserem Kontext die logische Konsequenz aus den Lektionen von gestern. Machen wir hierzu mal einen Versuch. Ich spiele vorne gleich einen Film ab. Alle, ähm …, Thomas und alle rechts von Ihm achten in dem Film darauf, wie oft der Ball bei der weißen Mannschaft auf den Boden tippt. Alle links von Ihm achten auf dasselbe, aber beim schwarzen Team."

Mit diesen Worten läuft Leonhard zum Notebook, streicht über das Mousepad und aktiviert einen Film. Die Szene stellt ein weiß und ein schwarz gekleidetes Team von Basketballern dar. Jedes Team hat einen Ball und jeweils unterschiedliche Spieler tippen den Ball auf den Boden. Unsere Aufgabe ist denkbar einfach, wir zählen, wie oft der Ball den Boden berührt. Nach wenigen Minuten ist das Spiel auch schon vorbei.

Leonhard wendet sich wieder der Gruppe zu: „Ihr denkt nun sicherlich ich frage euch, wie oft der Ball auf den Boden tippte. Aber ich würde gerne etwas anderes von euch wissen. Wer hat den Gorilla gesehen, der im Bild auf und ab lief?"

Alle blicken sich fragend an. Während aus dem Team, das die schwarze Mannschaft beobachten musste zumindest einige die Hand heben ist in unserem Team keinem ein Gorilla aufgefallen. Leonhard geht erneut zum Notebook und spielt den Film nochmals ab. Nun achten wir alle auf das schwarze Team. Die Bälle und die anderen Mitspieler beachten wir nicht. Siehe da, plötzlich erscheint ein Gorilla, der im Bild sogar mit seinen Fäusten auf die Brust trommelt. Ungläubig beobachte ich den Film. Mein Kopf beginnt den Film zu prüfen, das konnte unmöglich derselbe wie vorher sein.

„Seht ihr, das ist Fokus. Euer Kopf fokussiert oder konzentriert sich auf das, was ihr tun sollt. Da der Gorilla schwarz ist konnten wenigstens einige aus dem Team *schwarz* den Gorilla sehen. Versteht Ihr nun die Macht der Fokussierung?", will Leonhard wissen. „Wenn Ihr es schafft das Team auf ein Problem zu fokussieren und ferner schafft das Team auf einen Lösungsweg zu fokussieren und dann noch alle Einwände beseitigt, dann wird Euer Change-Projekt von Erfolg gekrönt sein."

In der nächsten Stunde führt Leonhard das Thema noch deutlich weiter aus. Die daraus gewonnen Erkenntnisse waren mindestens genauso interessant, wie die von Gestern. Nach diesen Ausführungen gibt Leonhard wieder eine Gruppenarbeit aus. Im Prinzip dieselbe, wie gestern Abend. Neue Teams und neue Erkenntnisse sollten die Aufgabe aber anders verlaufen lassen. Interessanterweise fällt es mir heute deutlich einfacher ein Team aus völlig Fremden zu wählen. Ich frage mich noch, ob das wohl schon eine Veränderung in mir selbst ist, als die Gruppe sich langsam auf den Weg zu einem Konferenzzimmer macht. Diesmal landen wir wieder in Hamburg. Die nächsten zwei Stunden sind deutlich produktiver. Ob das nun daran liegt, dass wir dieselbe Aufgabe schon einmal gemacht haben oder an der Erkenntnis des Fokus weiß ich nicht sicher. Sicher ist aber, dass wir uns schon deutlich mehr auf die jeweilige Ebene fokussieren und damit das Teammitglied gekonnt mitnehmen können. Auch der Exkurs in die Glaubenssätze ist hierbei sehr hilfreich. In diesem Zusammenhang kann der Bittsteller tatsächlich mehr bewirken. Kurz vor der Mittagspause treffen sich wieder alle gemeinsam im Zimmer Stuttgart. Leonhard fragt unsere Erfahrungen ab. Der Unterschied zu gestern Abend ist bei allen Gruppen spürbar. Einige sprechen sogar von einer deutlichen Veränderung, andere sehen die Ursache darin, dass gestern alle müde waren. Leonhard stimmt dem teilweise zu. Allerdings gibt er zu bedenken, dass es nicht darum geht besser als gestern zu sein, sondern einfach nur erfolgreich ans Ziel zu kommen. Dem müssen selbst die größten Skeptiker zustimmen. Mit dieser Einwandbewältigung, wie Leonhard es nennt, wünscht er uns einen guten Appetit und eröffnet die Mittagspause.

Da ich wissen will, ob Uwe beim Thema Glaubenssätze nun den Bittsteller für sich akzeptieren kann suche ich ihn wieder am Buffet. Sofort kommen wir ins Gespräch. Er eröffnet mir, dass er bereits gestern Abend an der Bar ein sehr lehrreiches Gespräch mit Leonhard geführt hat und eigentlich schon gestern Abend überzeugt wurde. Nun regt es mich tatsächlich ein klein wenig auf, dass ich so schnell ins Zimmer verschwunden bin. Während sich Uwe Rindergulasch mit Reis auf den Teller packen lässt entscheide ich mich für Schweinemedaillons im Speckmantel. Mit gut bestückten Tellern machen wir uns auf den Weg zu einem freien Tisch. Während der gesamten Zeit haben wir ein sehr angeregtes Gespräch über unsere beiden Unternehmen und deren Probleme. Ab und zu unterbrechen wir, um uns mit Dessert und Kaffee zu versorgen. Wieder zurück am Tisch sind wir aber innerhalb von wenigen Sekunden zurück im Gesprächsstoff. So vergeht die Mittagspause unglaublich schnell und schon befinden wir uns wieder auf dem Weg in den Raum Stuttgart.

Als wir in den Raum kommen sehen wir, dass dieser umgebaut wurde. Die Tische wurden entfernt. Das U wurde aufgelöst und die Stühle stehen nun in einem leichten Bogen, in zwei Reihen alle nach vorne gerichtet. Vorne ist nun kein Beamer mehr, auch dieser Tisch ist verschwunden. Allerdings sind vorne zwei Stühle, die den Anderen zugewandt sind. Wir setzen uns in die hintere Reihe. Einige der Stühle bleiben leer, offensichtlich wurden zu viele Stühle aufgestellt.

„Meine Damen und Herren", beginnt Leonhard. „Ob Ihr es glaubt oder nicht, nun habt Ihr alles gelernt, was ich euch an diesem Wochenende zeigen wollte. Ihr selbst habt vor der Mittagspause gesagt, es lief schon deutlich besser. Aber sicherlich empfinden einige von Euch das Seminar bisher noch als, sagen wir mal, unvollständig. Es war zwar viel Theorie, gespickt mit einigen Übungen, aber das kann noch nicht alles sein. Da stimme ich euch sogar zu. Aus diesem Grund habe ich mir als letzte und ausführlichste Übung eine ganz besondere ausgedacht. Konstantin hat sich freiwillig zur Verfügung gestellt."

Mit diesen Worten zeigt er auf mich. Nun wusste ich auch, was er gestern damit meinte, *mein Unterneh-*

men vorstellen. Ohne groß nachzudenken stehe ich auf und drücke mich durch die Reihen nach vorne.

„Begrüßt Konstantin mit einem Applaus.", macht Leonhard weiter. „Konstantin ist Geschäftsführer in der Metallverarbeitungsbranche. Er hat, wie Ihr auch, einiges an seinem Unternehmen zu verbessern. Aber Konstantin erzähl doch am besten selbst. Bevor Du jedoch anfängst möchte ich noch erklären, was wir den restlichen Mittag machen werden. Wir sind alle Unternehmensberater und kennen uns nun alle besonders gut im Change-Management aus. Konstantin wird uns also sein Unternehmen und dessen Probleme schildern. Ich werde mich zurück halten und Ihr werdet die Beratung übernehmen. Falls Ihr manche Hintergründe nicht wisst, fragt. Gemeinsam seid Ihr stark. Und denkt daran, wenn Ihr daran glaubt, dass Ihr Konstantin helfen könnt dann werdet Ihr ihm auch helfen. Diese Übung werden wir so ausführlich machen, dass der Tag danach auch schon zu Ende ist. Aber nun zu Dir, Konstantin, wir sind schon gespannt."

Bereitwillig erzähle ich von unserem Unternehmen. Von den Forderungen der Inhaberfamilie und den vielen verschiedenen Kampagnen, die wir gestartet haben. Bei manchem gehe ich besonders stark ins Detail, bei anderen Dingen bleibe ich eher an der Oberfläche. Allerdings zeigt sich sehr schnell, dass ich kritische Unternehmensberater vor mir sitzen habe. Jede Kleinigkeit, die ich absichtlich oder unbewusst weg lasse wird sofort erfragt. Anfangs fühle ich mich nicht besonders wohl, mein Unternehmen und dessen Probleme so offen zu legen. Ich empfinde es als Striptease. Aber dann muss ich wieder an die Komfortzone denken und daran, dass ich von diesem Workshop so viel wie möglich mitnehmen möchte und so gebe ich bereitwillig Auskunft. An einem besonders unangenehmen Punkt, nämlich an dem, dass wir ständig Sitzungen machen und dem Problem nicht näher kommen, entschließe ich mich vom Thema abzulenken. Ich erzähle von meiner Tochter und Ihrem Kommentar gestern Abend am Telefon. Damit bin ich dann auch schon beim Hund und dessen Erziehung angelangt. Das ist eine gute Strategie. Allerdings währt die Freude nicht allzu lange. Interessanterweise muss ein Teilnehmer der Aussage meiner Tochter zu 100% Recht geben. Seiner fachlichen Erklärung kann ich besser folgen als der einfachen Aussage meiner Tochter. Auch die restlichen Teilnehmer stimmen nickend zu. Das Unternehmen scheint wirklich mit der Hundeerziehung vergleichbar zu sein. Das gibt mir Mut, denn die haben wir jetzt endlich im Griff und von daher kann es mit der Firma auch machbar sein. Bis zur Pause werde ich komplett auseinander genommen. Nach einer gewissen Zeit der Eingewöhnung macht es mir tatsächlich nichts mehr aus. Ich nehme jegliche Hinweise und Kritiken als Feedback und höre aufmerksam zu. Gute zwei Stunden sind inzwischen vergangen und Leonhard unterbricht für eine halbe Stunde für eine Kaffeepause.

Wirklich unterbrochen ist das Gespräch aber nicht. In der Pause bin ich die Hauptperson. Während ich auf meinen Kaffee warte steht eine Traube voll interessierter um mich herum. Auch hier gebe ich gerne weiter Auskunft. Ein Teilnehmer will sogar den genauen Ablauf unsere Besprechungen wissen, da er dort eine Ineffizienz vermutet. So vergeht auch diese halbe Stunde wie im Flug.

Zurück in Stuttgart, wie wir inzwischen nur noch sagen, führt Leonhard uns wieder in die Thematik ein und die Analyse geht weiter. Für eine weitere Stunde lässt Leonhard die Anderen das Unternehmen analysieren und Verbesserungen entdecken. Dann ruft er langsam zum Ende auf. Er bedankt sich nochmals bei mir und unter tosendem Applaus mache ich mich auf den Weg zurück auf einen der freien Stühle.

„Sehr gut. Das gefällt mir wirklich sehr gut.", lobt Leonhard. „Ich weiß nicht, ob Ihr das so wahrgenommen habt, aber Ihr alle zusammen seid der Hammer. Ihr habt das Unternehmen richtig analysiert und ich bin sicher, ohne dass ich das Unternehmen kenne, die Widerstandsebenen der Mitarbeit passen ebenfalls sehr gut. Mit diesen Hinweisen kann Konstantin im Unternehmen sicher was bewegen. Bevor wir aber zum Ende kommen, was hat jede gute Band am Ende des Auftritts auf Lager?"

Wie aus einem Mund ertönt die Antwort: „Eine Zugabe."

„Genau und deshalb habe natürlich auch ich eine Zugabe für Euch.", erwidert Leonhard. „Wir hatten viele Themen und wie ich gesehen habe könnt Ihr das Gehörte auch schon sehr gut umsetzen, aber einen kleinen Goldschatz möchte ich Euch noch mit auf den Weg geben. Das ganze könnt Ihr nämlich auch für euch privat ganz wunderbar anwenden. Wenn Ihr euer Leben verändern wollt, dann ist das nichts anderes als ein Change-Projekt. Nehmen wir ein immer wieder gerne gesehenes Beispiel, das Abnehmen. Vielleicht fühlt Ihr euch zu dick und wollt ein paar Kilo abnehmen. Oder vielleicht habt Ihr das schon einmal versucht und es hat nicht funktioniert. Eventuell habt Ihr dann für Euch einen Glaubenssatz gebildet. Möglicherweise *naja, ich habe es ja versucht, aber ich kann es wohl nicht*. So lange Ihr diesen Glaubenssatz in euch habt braucht Ihr keine Diät oder ein Sportprogramm beginnen. Vielleicht erlebt Ihr einen inneren Widerstand. Leute, die einen Grund suchen etwas nicht zu tun nennen diesen Widerstand gerne Schweinehund. Dieser Schweinehund sitzt auf einer der Widerstandebenen und bremst euch, denn er will nicht, dass Ihr eure Komfortzone verlasst. Sofa ist Komfort, Fitnessstudio Stress. Aber Euch kann das ab heute nicht mehr passieren, denn Ihr kennt die Widerstandsebenen und ihr wisst, wie man andere auf jeder einzelnen Ebene überzeugt. Ihr fokussiert euch auf euer Ziel. Auf das Ziel, nicht auf den Weg. Also auf das dünn sein und nicht dünn werden. Ihr seid bereit eure Komfortzone zu verlassen und falls der Schweinehund auf einer der Ebenen sitzt könnt ihr diesen überzeugen. Das Abnehmen war aber nur ein Beispiel. Dasselbe geht beim Rauchen und bei allem anderen auch."

Einer der Teilnehmer ruft *und bei der Hundeerziehung*, was direkt von lautem Gelächter begleitet wird. Die ganze Gruppe schaut zu mir was mir überhaupt nicht gefällt. Ich bin einfach kein Mensch, der gerne im

Mittelpunkt steht. Aber wo sie Recht haben, haben sie Recht. Hätte ich das alles schon vorher gewusst, dann wäre das mit dem Hund ein kleineres Thema gewesen.

„Schön, dann wäre ich mit meinem Stoff durch. Allen, die heute schon nach Hause fahren, wünsche ich eine gute und staufreie Heimreise. Den Anderen noch einen schönen Abend. Vielleicht können wir gemeinsam Abendessen gehen. Wer bleibt denn alles hier?", stellt Leonhard die Frage an die Teilnehmer.

Ziemlich genau die Hälfte streckt. Offensichtlich hat die andere Hälfte keine so weite Heimreise wie ich. Ich bleibe auf jeden Fall. Außerdem möchte ich heute, im Gegensatz zu gestern, unbedingt noch ein klein wenig Erfahrungsaustausch an der Bar betreiben. Den Schlussworten von Leonhard folgt ein kräftiger Applaus. Alle, die Heim fahren wollen sind direkt am Zusammenpacken. Es gilt wohl keine Zeit zu verlieren und mit einer flüchtigen Verabschiedung halbiert sich die Gruppe innerhalb von Minuten. Ich für meinen Teil gehe zuerst auf das Zimmer. Aber bevor ich wieder allein oben herum sitze wende ich mich an Silvia und Elvira, die beiden bleiben offensichtlich ebenfalls hier. Sie haben sich bereits mit Leonhard zum Abendessen verabredet. In einer halben Stunde am Restaurant. Um nicht noch mehr Zeit zu verlieren lade ich mich selbst zu der Runde ein und mache mich dann auf den Weg zum Zimmer. So ein ganzer Tag im Konferenzzimmer schreit nach einer Dusche und einem Kleidungswechsel.

Neben der Dusche und dem Kleiderwechsel rufe ich noch kurz zu Hause an. Zum Glück hat das Handy eine

Freisprecheinrichtung, so dass ich mit Olivia und den Kindern telefonieren kann während ich mich anziehe. Für heute Abend habe ich mich entschieden mit Jeans und Hemd zum Essen zu gehen. Olivia erzähle ich in ein paar Sätzen, wie der heutige Tag gelaufen ist. Natürlich lobe ich noch kurz Selina für Ihren tollen Einfall. Immerhin gaben Ihr sogar die anderen Gruppenmitglieder Recht. Wenige Minuten später ziehe ich meine Zimmerkarte aus dem Schlitz, indem die Karte stecken muss, damit das Zimmer mit Strom versorgt wird und mache mich auf den Weg.

Durch die großen Glasflächen ist der Flur, selbst bei der einsetzenden Dämmerung, noch hell genug. Spontan entscheide ich mich für die Treppe. Wenn man den ganzen Tag sitzt ist ein klein wenig Bewegung kein Fehler. Die halbe Stunde Frühsport war nur ein Tropfen auf den heißen Stein. In der Halle angekommen nehme ich Kurs auf das Restaurant. Von weitem sehe ich bereits Elvira dastehen. Auch Ihre Kleidungswahl fiel ganz offensichtlich auf Business Casual. Plötzlich höre ich ein penetrantes Geräusch und blicke automatisch in dessen Richtung. In der Nähe des Ausgangs steht ein sehr ungehaltener Gast und macht seinem Unmut Luft. Daneben durch die schwere Glastür sehe ich Leonhard rein kommen. Vielleicht war er ja draußen eine Zigarette rauchen. Ich winke Ihm zu, inzwischen habe ich Elvira erreicht.

Silvia ist noch nicht da. Wir drei entscheiden uns schon einmal ins Restaurant zu gehen und einen Tisch zu besetzen. Gesagt, getan. Da sich noch weitere Teilnehmer angekündigt haben, um mit Leonhard den Abend ausklingen zu lassen nehmen wir gleich eine große Tafel für acht Personen. Gerade kommt der Kellner und bringt die Getränkekarten als Silvia sich ebenfalls dazu gesellt. Mit einer flüchtigen Begrüßung setzt sie sich hin und bekommt ebenfalls eine Karte. Ich weiß auch ohne Karte was ich trinken möchte und reiche daher meine Karte an einen weiteren Teilnehmer weiter, der sich mit zwei Kollegen bereits zu uns gesetzt hat. Während ich beim Kellner ein Bier bestelle wählen die Damen einen trockenen Rotwein zum Abendessen. Leonhard tut es mir gleich und bestellt ebenfalls ein Bier. Die Wartezeit auf die Getränke vertreiben wir mit small talk. Wir tauschen uns darüber aus, woher jeder genau kommt, welchen Werdegang wir so hinter uns haben und oberflächliche, private Dinge. Ich will nicht unhöflich sein und mache an der Unterhaltung mit. Eigentlich hätte ich aber hunderte Fragen zum Workshop und hätte diese viel lieber beantwortet. Aber der Abend ist ja noch lang und daher halte ich mich zurück. Inzwischen tragen die Kellner die Getränke auf. Als wir alle unsere Getränke haben prosten wir uns zu und ich nehme einen kräftigen Schluck aus meinem Glas. So ein eiskaltes Bier ist wunderbar erfrischend. Einen kurzen Moment später nimmt der Kellner unsere Bestellung für das Essen auf und verschwindet wieder. Endlich rückt einer der Teilnehmer mit einer fachlichen Frage heraus. Allerdings nicht an Leonhard, wie ich es erwartet hätte, sondern an mich. Leonhard scheint mit meiner Firma als Beispiel genau ins Schwarze getroffen zu haben. Er würde gerne wissen, wie ich nun vor habe mit dem neuen Wissen im Unternehmen vorzugehen.

„Nun, ich denke das weiß Konstantin selbst noch nicht so genau, oder?", kommt mir Silvia zuvor und schaut mich dabei fragend an.

„Nein, in der Tat, ich bin mir selbst noch nicht sicher!", antworte ich. „Aber ich muss sagen, der Workshop hat sich in soweit schon gelohnt, weil ich neue Impulse erhalten habe. Über ein Thema mache ich mir sehr viele Gedanken. Ich finde es zwar noch etwas komisch, aber die Hundeerziehung scheint sehr viele parallelen zu unserem Unternehmen zu haben." Bei dieser Aussage muss ich selbst etwas grinsen.

„Ja, das ist so. Hat einer von euch schon einmal einen Hundetrainer, live oder im Fernsehen, gesehen?", will Leonhard wissen. „Der erzieht in den seltensten Fällen den Hund. Meistens bringt er die Menschen dazu die Komfortzone zu verlassen, den Schweinehund zu besiegen und damit erzieht er automatisch den Hund, weil der nie der Fehler war. Im Unternehmen ist das tatsächlich ähnlich. Wartet mal!". Leonhard ruft dem Kellner und bittet ihn, ihm ein Blatt Papier und einen Stift zu bringen. Dann fährt er fort: „Wir hatten in der Zugabe das Thema mit dem Abnehmen. Das nimmt bei den erfolglosen immer denselben Verlauf. Und ich bin sicher, Konstantin, in Eurem Unternehmen ist das nicht anders. Achte Mal darauf."

Mit diesen Worten beginnt Leonhard ein Schaubild auf das Blatt Papier zu malen:

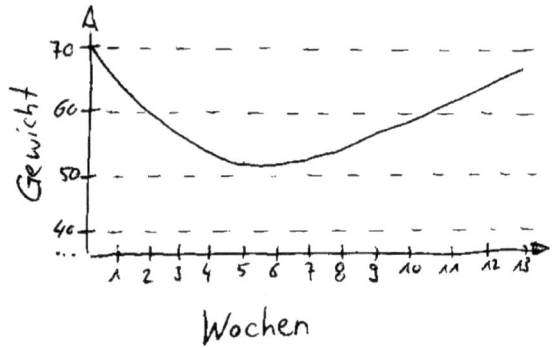

Abbildung 1: Idealtypische Kurve für erfolglose Umsetzung

„Seht ihr, das ist eine völlig normale Kurve. Am Anfang ist man fokussiert. Das ist, wie gesagt, genauso
beim Rauchen aufhören und allem Anderen. Am Anfang hat man ein Ziel vor Augen und fokussiert sich
darauf, ist bereit seine Komfortzone zu verlassen und hat
auch Erfolge. Nach und nach wird man dann aber bequem. Der Schweinehund gewinnt einmal was noch
keinen negativen Einfluss hat. Der Kopf lernt *auch wenn
ich meine Komfortzone nicht immer verlasse funktioniert es
noch*. Also lässt man den Schweinehund zweimal, dann
dreimal oder öfter gewinnen. Das ist dann so langsam
die Woche fünf in meinem Schaubild. Dann geht es ein
klein wenig in die falsche Richtung, aber das ist ja ok.
Was ist schon dabei, ich habe 6kg abgenommen und

nun wieder ein halbes oben drauf, das ist doch kein Thema. So schleicht sich wieder die alte Komfortzone ein und das Spiel ist nach wenigen Wochen wieder am selben Punkt angekommen.", führt Leonhard aus.

Ein Staunen geht durch die Runde. Das Schaubild öffnet nochmals allen die Augen. Auch mir schießen sofort einige Gedanken durch den Kopf. Als erstes denke ich an Ramona, unsere Personalchefin. Dieses Schaubild muss ich ihr Morgen als erstes aufzeichnen. Das könnte der Grund sein, warum Ihre Diäten immer fehlschlagen. Aber auch die Hundeerziehung lässt sich so erklären. Das war es auch, was Herr Steinbeck meinte. Man darf nie nachlässig sein. Während diesen Brocken alle noch verdauen müssen kommen die Kellner und servieren das Essen. Kaum stehen die Teller auf dem Tisch, verstummen alle Unterhaltungen. Es ist immer wieder erfrischend zu sehen, wie leise ein Tisch plötzlich wird, wenn das Essen da ist.

Nach dem Essen nehmen wir noch einen gemeinsamen Kaffee. Bei jedem Schluck meines Latte Macchiato bestätige ich mir innerlich, dass es eine gute Entscheidung war noch eine Nacht hier zu bleiben und dieses Abendessen zu besuchen. Anschließend gehen wir noch auf einen gemeinsamen Cocktail in die Hotelbar. Gegen halb Zwölf verabschiede ich mich jedoch und gehe auf mein Zimmer.

Am nächsten Morgen weckt mich die Sonne, die durch den leichten Vorhang, der nur als Sichtschutz dient, herein scheint. Ohne große Eile mache ich mich fertig, packe meine Sachen und verlasse mein Zimmer.

Die Tage waren zwar sehr interessant und auch sehr aufschlussreich, aber nun bin ich froh, dass ich heute wieder nach Hause komme. Das leckere Frühstück lasse ich mir jedoch nicht entgehen. Nachdem ich meine Tasche und meinen Trolly im Auto verstaut habe, gehe ich zurück in den Speisesaal und genieße ein ausgiebiges Frühstück. Zum Abschluss nehme ich noch zwei Äpfel mit, diese sollen mir als Zwischenmahlzeit, während der Fahrt, dienen. In der Hoffnung, dass ich ohne Pause durch fahren kann mache ich mich auf den Weg.

Das Wetter ist heute etwas bedeckt und die Temperaturen sind deutlich kühler als am Vortag. Für die Heimfahrt ist dies auf jeden Fall positiv. Gegen zehn Uhr sitze ich im Auto und programmiere das Navi mit der Heimatadresse. Auch ohne Stau wird es jedoch mindestens sechzehn Uhr bis ich zu Hause ankomme und so entschließe ich mich vom Auto aus Emilia anzurufen und mich erst für Morgen wieder zurück zu melden.

Die Heimfahrt verläuft ohne größere Probleme und so bin ich gegen 16.30 Uhr zu Hause.

10

Henry, der gerade im Garten liegt, entdeckt mich als erster und stürmt bellend auf mich zu. Von dieser lautstarken Begrüßung aufgeschreckt kommen auch Nate und Selina um die Ecke. Noch bevor ich aussteigen kann ist mein Fahrzeug belagert.

Ich steige aus und schon ist Henry bei mir. Gekonnt ignoriere ich Ihn, immerhin weiß ich nun, dass ich keinesfalls nachlässig sein darf. Also widme ich mich meinen Kindern zuerst. Nach wenigen Augenblicken gibt Henry tatsächlich auf. Enttäuscht legt er sich neben das Fahrzeug, während ich meine Tasche und den Trolley aus dem Kofferraum hole. Das Wetter ist hier auf jeden Fall schöner als vor dem Hotel. Der Himmel ist nur leicht bewölkt und der Wind ist lange nicht so unangenehm. Da Henry immer noch brav da liegt und wartet begrüße ich nun auch ihn. Gemeinsam mit den Kindern mache ich mich dann auf den Weg zum Haus. Nate zieht meinen Businesstroley hinter sich her, während ich die Tasche trage. Da Henry der Meinung ist, er müsste unbedingt zwischen meinen Beinen durchlaufen stolpere ich fast.

Nun freue ich mich erst einmal auf meine Frau. Es waren zwar nur drei Tage, die ich sie nicht gesehen habe und trotzdem vermisse ich sie. Als ich durch die Eingangstüre eintrete ist Olivia jedoch nirgends zu sehen. Verwundert laufe ich den Flur entlang und höre den Dunstabzug in der Küche. In diesem Moment ist mir klar, wo ich Olivia finden kann. Als ich um die Ecke biege erblicke ich Sie hinter dem Herd. Mit einem Lächeln begrüße ich sie. Im selben Moment werde ich freundlich, aber bestimmt aus der Küche geworfen. Offensichtlich störe ich. Na toll, da kommt man nach Hause, freut sich und dann wird man des Raumes verwiesen. Der leichte Ärger des Moments verfliegt eine Sekunde später, denn zumindest Nate und Selina haben mich vermisst und so gehört den beiden eben die erste Zeit zu Hause.

Selina muss mir sofort zeigen, wie gut Henry ihr inzwischen gehorcht. Sie trainiert jeden Tag nach der Schule mit Henry. Das hat eindeutig ein Lob verdient. Nate lässt das nicht auf sich sitzen und zeigt ebenfalls, welche Erfolge er erzielt hat. Da auch seine Vorführung durchaus eine deutliche Verbesserung vorzuweise hat Lobe ich Beide. Wenige Minuten später wird Nate in die Küche gerufen und kommt kurze Zeit danach mit Tellern und Besteck wieder heraus. Kaum hat Nate die Teller auf dem Tisch abgestellt folgt ein weiterer Ruf und er geht zurück in die Küche. Mit einem Schmunzeln auf den Lippen muss ich für mich feststellen, dass Olivia wohl weniger mit dem Hund und mehr mit den Kindern geübt hat. In diesem Moment kommen beide aus der Küche. Während Nate eine Topfunterlage trägt hat Olivia den dafür bestimmten Topf in der Hand. Also setze ich mich gemeinsam mit Selina an den Tisch. Henry macht es sich inzwischen darunter bequem. Für Abendessen ist es eigentlich viel zu früh. Da der Eintopf aber zum einen sehr lecker riecht und ich zum anderen nur die beiden Äpfel aus dem Hotel zu Essen hatte bin ich froh darüber. Sekunden nachdem alle etwas im Teller haben ist es so still, wie am Abend zuvor im Hotel.

Als wir alle fertig sind mit Essen stürmen die beiden direkt zur Türe, ziehen Ihre Schuhe an und verschwinden im Garten. Henry, der von den hastigen Bewegungen und dem Gerenne der Kinder total aufgewühlt ist folgt ihnen mit lautem Gebell. Schön, endlich habe ich ein paar Minuten mit meiner Frau.

„Und erzähl, wie war es denn noch gestern Abend?", beginnt Olivia zu fragen.

Wie auf Kommando sprudelt es sofort aus mir heraus. Meine Begeisterung ist kaum zu verschweigen. Ich erzähle Olivia von unserem Gespräch nach dem Essen, von dem Beispiel mit dem Gewichtabnehmen und davon, dass ich absolut Parallelen zu unserer Hundeerziehung erkenne. Sekunden später bin ich schon unterwegs in die Küche, um ein Blatt Papier und einen Stift zu holen. Gekonnt male ich das Schaubild auf, welches uns Leonhard im Restaurant gezeigt hat. Olivia hört aufmerksam zu und nickt gelegentlich verständnisvoll. Während ich ihr alles erzähle, scheint mein Unterbewusstsein die Mosaiksteine weiter zusammenzusetzen, denn plötzlich kommt mir ein Geistesblitz. Mit einer Freude, wie sie eigentlich nur ein kleiner Junge empfindet, wenn er ein neues Spielzeug bekommt, hüpfe ich auf und renne in mein Büro. Olivia blickt mir nur völlig ratlos hinterher. Um etwas zu sagen oder etwas zu fragen fehlt ihr die Fassung.

Im Büro angekommen setze ich mich direkt an den Schreibtisch und drücke den Einschalt-Knopf meines privaten Notebooks. Das Hochfahren dauert eine gefühlte Ewigkeit. Ich konzentriere mich inzwischen auf meinen Gedanken, da ich Angst habe diesen zu verlieren. Schnell hacke ich mein Passwort in die Tastatur und kann es kaum noch erwarten, bis die Kiste endlich betriebsbereit ist. Nach und nach bauen sich alle Icons an der rechten unteren Bildschirmseite auf. Das Icon für die WLAN-Verbindung ist bereits eingeblendet, zeigt aber noch keine Verbindung an. Der erste Klick gilt meinem Mailprogramm. Da ich drei Tage nicht mehr am Rechner war werden zuerst 23 E-Mails abgerufen. Mit einem flüchtigen Blick prüfe ich diese und muss feststellen, dass wieder 90% nur Spam sind. Das war jedoch nicht der Grund meiner Aktion, ich möchte nun endlich eine E-Mail schreiben. Schnell drücke ich auf den Knopf für eine neue E-Mail und will die Mailadresse vom Steuerberater eintragen. Leider habe ich diese nicht im Kopf und auch keinen Zugriff auf meinen Geschäftscomputer. Also bleibt mir nichts anderes übrig als den Browser zu öffnen und nach einer E-Mailadresse des Steuerberaters zu suchen. Mit routiniertem Vorgehen habe ich sie wenige Sekunden später auf der Homepage gefunden. Ich markiere diese und kopiere sie in die dafür vorgesehene Zeile. Als Betreff wähle ich *Analyse unserer Unternehmensdaten der vergangenen Jahr*e und schreibe den Text:

Hallo Herr Taraschow,

*ich war die letzten zwei Tage auf einem inte-
ressanten Workshop. Vielleicht können Sie unsere Unternehmensdaten einmal analysieren
und zwar im Hinblick auf das erste Jahr unmittelbar nach Einführung der jeweiligen Verbes-
serungsoffensiven. Bitte machen Sie es so genau wie möglich. Eventuell können wir hieraus
etwas erkennen. Der Leiter des Workshops
meinte es könnte einen Zusammenhang mit
einer typischen Diät haben. Bei einer solchen
haben die Leute in der Regel am Anfang Erfolg
und werden dann nachlässig, das würde ich im
Unternehmen gerne analysieren. Setzen Sie
sich doch bitte Morgen einmal mit mir in Verbindung.*

*Einen schönen Abend
Ihr Konstantin Single*

Erleichtert drücke ich auf den Senden-Knopf und
schicke die E-Mail ab. Plötzlich fällt mir Olivia ein. Ob
sie wohl immer noch am Esszimmertisch sitzt und sich
fragt, was mit mir los ist?

Mit ein paar schnellen Klicks schicke ich den Computer in den Ruhezustand und eile aus dem Büro zurück
ins Esszimmer. Natürlich sitzt sie nicht mehr, in der
Küche höre ich Lärm und mache mich vorsichtig auf
den Weg in die Küche.

„Du bist mir so ein Kerl.", lächelt Olivia mir entgegen. „Kaum bist Du da erzählst Du ohne Punkt und
ohne Komma. Dann hörst Du mitten im Satz auf und

eine Sekunde später sitze ich alleine am Esszimmertisch."

„Entschuldige bitte, aber ich hatte gerade einen Gedanken, der unser Unternehmen wirklich weiter bringen könnte.", ich muss beinahe schon selbst lachen, wenn ich an mein Verhalten von gerade denke. „Und wenn der Steuerberater mit seiner Analyse meine Annahme bestätigt, dann brauchen wir im Unternehmen wieder eine Diät, aber diesmal eine, bei der wir auf das Ziel fokussiert sind."

„Ist doch kein Problem, wenn der Workshop dir so viel gebracht hat bin ich ja froh.", fährt Olivia fort. „Aber nun musst Du dich auch wieder ein klein wenig um die Familie kümmern. Am Wochenende kommt Herr Steinbeck wieder und wir alle haben kräftig geübt. Es wäre schön, wenn Du bis dahin auch noch ein paar Übungssitzungen mit Henry einplanen könntest. Geht das?"

„Aber klar doch. Ich werde morgen früh in der Firma ein paar Dinge anstoßen, dann kann ich sicherlich früher abhauen und mit Henry üben. Ich will ja schließlich nicht der Schlechteste sein.", entgegne ich.

„Schön, dann will ich mich nicht beschweren. Sollen wir mit den Kindern und Henry noch eine Runde laufen?", fragt Sie dann.

„Klar können wir machen, wie lange brauchst Du noch in der Küche?", frage ich nach.

„Noch ein paar Minuten, Du kannst die Kinder ja schon mal in unseren Plan einweihen.", bittet Sie mich.

Mit einem kurzen Blick mache ich kehrt, gehe in den Flur und ziehe meine Outdoor-Schuhe an. Draußen die Kinder zu finden ist nicht wirklich schwer. Einfach dem Lärm nach und so habe ich die Beiden inklusive Henry beim Nachbarn recht schnell ausfindig gemacht. Beide freuen sich kräftig, als ich ihnen von unserem Vorhaben erzähle. Selina erkennt sofort, dass die Leine von Henry noch fehlt und rennt kommentarlos zum Haus. Henry, der wieder ein Schaf aus seiner Herde flüchten sieht beginnt sofort zu Bellen und verfolgt Selina.

Als die beiden Damen des Hauses mit Henry an der Leine auf uns zulaufen schaue ich kurz auf die Uhr und sehe, dass es bereits fast 19 Uhr ist. Gemeinsam mit der gesamten Familie machen wir einen ausgiebigen Spaziergang. Gegen 20 Uhr kommen wir zurück zum Haus. Ziel erreicht! Zumindest die Kinder sind vollständig ausgepowert. Nachdem sich beide etwas zu trinken gegönnt haben machen sie sich freiwillig bereit zum Schlafen und sind schon gegen 20.30 Uhr im Bett. Henry, der für heute ebenfalls genug getobt hat legt sich neben die Sitzecke im Wohnzimmer und schnarcht wenige Minuten später. Wie ein so kleiner Hund so laut schnarchen kann werde ich nie verstehen.

Olivia und ich machen es uns noch auf dem Sofa gemütlich, aber auch ich merke die anstrengende und lange Autofahrt. Nicht einmal die erste Werbepause des Abendprogramms erlebe ich. Als Olivia dies bemerkt weckt sie mich vorsichtig und auch wir verabschieden uns für heute ins Bett.

11

Ein nerviges Geräusch reißt mich aus dem Schlaf. Als ich halbwegs zu mir gekommen bin versuche ich zu ergründen, woher das Geräusch kommt. In den ersten Momenten kann ich es nicht identifizieren. Einen kurzen Augenblick später erkenne ich, dass Henry träumt und in seiner Box wohl so stark zuckt, dass er mit seinen Beinen an die Wände der Textilbox schlägt. Ein Blick auf den Wecker verrät mir, dass es ohnehin Zeit zum Aufstehen ist. Keine fünf Minuten später hätte mich der Wecker mit meinem Lieblingsradiosender aus dem Schlaf geholt.

Ich kann es nicht genau beschreiben, aber heute bin ich irgendwie nervös. Das ist ein seltener Zustand, der mich zum Nachdenken bringt. Eigentlich bin ich nicht der Typ, der leicht nervös wird. Letztendlich muss es wohl an dem ganzen Input der letzten Tage liegen. Trotz der leichten Nervosität blicke ich nach vorne. Als erstes werde ich im Personalbüro vorbeigehen. Schließlich will ich Ramona meine neuesten Erkenntnisse mitteilen. Das hätte ich am liebsten schon gestern gemacht.

Mit diesem Gefühl setze ich mich in mein Fahrzeug und fahre ins Unternehmen. Während der Fahrt realisiere ich das Prasseln des Regens auf der Scheibe. Es ist kein starker Regen. Gerade so, dass das Geräusch des Auftreffendens wahrgenommen werden kann. Der Scheibenwischer schaufelt das Wasser in regelmäßigen Intervallen zur Seite. Auf dem Parkplatz angekommen packe ich mein Essen, mein Handy und ein Buch, welches ich immer mitnehme, mit der rechten Hand. Dann mache ich mich bereit zum Sprung. Mit einem Ruck reiße ich die Fahrertür auf, steige aus, schlage die Tür wieder hinter mir zu und renne zur Eingangstür. Im Trockenen angekommen betätige ich den Knopf auf meinem Schlüssel und verschließe das Fahrzeug. Der, der die Zentralverriegelung mit Fernbedienung erfunden hat musste wohl ähnliche Probleme gehabt haben, wie ich an diesem Morgen.

Da ich es kaum erwarten kann Ramona von den Neuigkeiten zu erzählen wähle ich nicht den gewohnten Weg zu meinem Büro, sondern laufe zur Personalabteilung rüber. Dort angekommen sitzt nur Lena am Schreibtisch. Lena hat, im Gegensatz zu Ramona, kein Problem mit ihrem Gewicht. Sie ist eine echt hübsche Frau und das zeigt sie auch gerne. Ansonsten ist sie sehr nett, höflich und soweit ich gehört habe auch sehr einfühlsam was die Mitarbeiter und deren Probleme betrifft. Sie nach der Ausbildung zu übernehmen und in Richtung Personalverwaltung weiterzubilden war die richtige Entscheidung meiner Vorgänger.

„Guten Morgen Frau Eppler, schön, dass ich Sie hier antreffe. Eigentlich wollte ich zu Ramona.", beginne ich das Gespräch.

„Guten Morgen Herr Single. Ja, bei dem Wetter macht einem die Büroarbeit ja nichts aus.", erwidert Sie. „Ramona müsste in den nächsten Minuten kommen. Ich bin heute schon früher dran, weil ich, wegen dem Wetter, meinen Morgensport abgekürzt habe."

„Aha, interessant. Machen Sie jeden Morgen Sport?", will ich weiter wissen.

„Ja, auf jeden Fall. Ich achte sehr auf mich und daher achte ich auf die Ernährung und den Sport. Ich ernähre mich ausschließlich Vegan.", informiert Sie mich während Sie eine Karotte aus einer Frischhaltebox holt.

„Das ist ja spannend. Ich bin da tatsächlich nicht so gewissenhaft. Ich schaue schon, dass ich auch mein Sportpensum erreiche. Auf dem Seminar, auf dem ich die letzten Tage war habe ich auch versucht nebenher ein klein wenig Sport zu machen. Die Ernährung, muss ich zugeben, vernachlässige ich ganz schön.", antworte ich mit einem Grinsen.

In diesem Moment öffnet sich die Türe des Büros und Ramona kommt herein. Mit einem etwas überraschten Blick in meine Richtung begrüßt Sie uns beide. Wir grüßen zurück und ich laufe mit ihr zu Ihrem Schreibtisch rüber.

„Na, was hast Du auf dem Seminar gelernt?", will Sie sofort wissen.

„Oh, sehr viele interessante Dinge. Die nächsten Wochen werden in jedem Fall sehr spannend werden, da bin ich sicher. Als kleinen Bonus hat der Trainer das, was wir gelernt haben, auch auf das Private projiziert. Da musste ich ein klein wenig an Dich denken. Das ist auch der Grund, warum ich hier bin.", erkläre ich bereitwillig. „Weißt Du noch unser gemeinsamer Spaziergang und dein Thema, das Du damals hattest?". Ich umschreibe das Thema ein klein wenig, da ich nicht weiß, in wie weit Lena Bescheid weiß.

„Du kannst ruhig offen drüber sprechen, Konstantin. Du meinst meine Diät. Lena gibt mir da schon kräftig Tipps, aber ich hab einfach andere Gene wie das Mädel da drüben.", lächelt Ramona zu Lena rüber.

„Ja, das kann schon sein.", erwidere ich. „Aber unabhängig davon glaube ich, die Erkenntnisse von meinem Workshop helfen Dir trotzdem."

„Na wenn Du meinst. Ich bin für jede Hilfe dankbar.", antwortet Ramona.

„Ok, wo fange ich an.", während einer kurzen Pause sammle ich mich und sortiere meine Gedanken. „Ich versuche es mal in derselben Reihenfolge wie unser Dozent. Beginnen wir mit der Komfortzone, die jeder hat. Das ist der Bereich des Lebens, indem man sich wohl fühlt. Klar?

Das klingt nun vielleicht blöd, aber wenn Du dich mit kleinen Sprüngen dazu zwingst deine Komfortzone zu verlassen, wird es Dir bei den größeren später leichter fallen. In Besprechungen kannst Du beispielsweise jedes Mal auf einen anderen Stuhl sitzen. Dasselbe gilt auch bei einer Diät. Wenn diese erfolgreich sein soll, dann musst Du deine Gewohnheiten, also Essen und Sport, dauerhaft verändern. Du musst deine Komfortzone also verschieben. Hier kannst Du zum Beispiel Schokolade, als Süßes, durch Obst ersetzen. Das ist auch nur eine kleine Änderung, die aber mit der Zeit eine dauerhafte Veränderung der Komfortzone verursacht.

Damit kommen wir dann auch schon zum Nächsten und Entscheidenden. Ich weiß natürlich nicht, ob es bei Dir überhaupt so ist. Aber mach dir einfach mal Gedanken darüber."

Mit diesen Worten gehe ich zum Drucker rüber, öffne die Schublade und ziehe mir ein Blatt Papier heraus. Nun kommt mein großer Moment, das Schaubild von Leonhard.

„Schau mal auf das Bild, was ich gleich male. Nehmen wir als Y-Achse das Gewicht und als X-Achse die Zeit in Wochen. Dann sieht eine Diät bei vielen Menschen immer gleich aus. Die ersten Wochen haben Sie gute Erfolge. Der Grund liegt auf der Hand, man hält sich zu hundert Prozent an die Essensvorgabe und den Sportplan. Dann kommt der erste Geburtstag eines Freundes oder der Ausflug an den See und man sündigt einmal. Das hat keine Konsequenzen und so beschließt das Unterbewusstsein, dass die Sünde kein Problem ist. Damit wird es in der nächsten Woche das zweite Mal und dazu kommt einmal den Sport auszulassen. Und so geht es weiter. Du bist soweit bei mir?", frage ich bei Ramona nach.

Parallel zu diesen Worten habe ich die Kurve aufgezeichnet, die anfänglich sinkt und nach einer Zeit wieder steigt. Dann fahre ich fort: „Das ist übrigens nicht nur bei Diäten so, auch beim Rauchen aufhören und allen anderen Dingen. Bei uns war es zum Beispiel mit Henry so. Aber ich brauchte den Workshop, um das zu verstehen."

„Siehst Du Ramona? Ich habe es dir schon immer gesagt. Nur die ersten vier Wochen Karotten anstatt Gummibären zu essen hilft nicht. Aber mir jungem

Küken glaubt man ja nix.", beginnt Lena mit freundlicher aber vorwurfsvoller Stimme zu bestätigen.

„Ja ja. In der Theorie klingt das super und einleuchtend, aber die Realität ist einfach anders. Und Du Lena hast gut reden, schau dich doch mal an. Gewichtsprobleme kennst Du doch nur aus dem Fernsehen.", verteidigt sich Ramona sofort.

„Meine Damen", bremse ich charmant. „Ich wollte hier keinen Streit anstoßen. Lena ist fokussiert auf Ihren Körper und macht daher Sport und achtet auf die Ernährung. Das ist Ihre Komfortzone. Die hat Sie sich so aufgebaut und sicherlich nicht schon als kleines Kind gehabt. Du Ramona hast vielleicht die schlechtere Veranlagung und vielleicht wirst Du nie so schlank wie Lena, aber schlanker als jetzt müsste doch gehen?!? Ich lasse Dir das Schaubild da, vielleicht kannst Du es dir ja als Merker irgendwo hinhängen. Ich würde mich auf jeden Fall freuen, wenn ich dir ein klein wenig helfen konnte."

„Wir streiten doch nicht, aber theoretisch weiß ich auch, wie ich abnehmen kann. Das ist aber eben nicht so einfach. Aber nun lassen wir das, ich werde es mir mal durch den Kopf gehen lassen!", erwidert Ramona.

Mit diesen Worten schnappe ich mein Buch und mein Essen und verabschiede mich. Der Blick auf die Wanduhr über der Bürotür verrät mir ohnehin, dass ich mich auf den Weg in mein Büro machen muss. Die morgendliche Sitzung mit meinen drei Führungskräften beginnt in wenigen Minuten und auch diese sollen ja von meinem Workshop profitieren. Emilia steht gerade am Drucker, als ich um die Ecke biege. Mit einem lächeln wünsche ich Ihr einen guten Morgen, was Sie erwidert. Ohne weitere Erzählungen verschwinde ich in meinem Büro und starte mein Notebook. Bis dieses startklar ist muss ich auch schon wieder weiter zur Besprechung. Mit einem gezielten Klick öffne ich noch kurz mein E-Mailprogramm und sehe, wie die Anzahl neuer E-Mails stetig steigt. Schlussendlich bleibt der Zähler bei 36 stehen. Damit ist auch klar, was ich nach der Besprechung zu tun haben werde. Kaum eine Minute später betrete ich das Besprechungszimmer. Quintus, Eddy und Ulli sitzen bereits am Tisch und diskutieren die alltäglichen Themen.

„Guten Morgen Konstantin", beginnt Quintus.

„Wir sind schon gespannt, was Du zu erzählen hast", fährt Ulli fort.

„Bei uns gibt's nicht viel Neues. Alles beim Alten.", komplettiert Eddy.

„Guten Morgen ihr Drei. Also ich hatte die letzten beiden Tage oder besser gesagt Vorgestern und Vorvorgestern zwei sehr interessante Tage. Da war sicherlich einiges dabei, was für uns alle von Bedeutung ist.", beginne ich zu erzählen. Ein weiteres Mal erzähle ich den Inhalt des Workshops, ich komme mir vor wie tibetanische Gebetsmühlen: „Also begonnen hat es mit der Komfortzone. Diese Zone hat jeder und diese verhindert, dass wir was Neues machen. Das heißt, wir müssen uns zuerst zwingen offener zu werden. Wie das geht erzähle ich euch gleich noch. Aber das allein wird nicht reichen. Wir können unsere Mitarbeiter nicht durch

Zwang mitnehmen. Vielmehr müssen wir uns als Bittsteller verstehen, denn auch unsere Mitarbeiter müssen ihre Komfortzone verlassen. Hierbei gibt es …"

In diesem Moment klopft es an der Tür und ich werde unterbrochen. Emilia steht dort und hat mein mobiles Telefon in der Hand.

„Entschuldigen Sie, Herr Taraschow ist am Apparat. Es geht um eine E-Mail, die Sie geschrieben haben sollen.", beginnt Sie zu erklären.

„Ah, danke. Den nehme ich gerne.", antworte ich und greife nach dem Hörer.

„Single hier, guten Morgen Herr Taraschow. Sie haben meine E-Mail erhalten?", starte ich das Gespräch.

„Entschuldigt mich bitte, das ist wichtig.", wende ich mich den anderen Drei zu und fahre dann mit Herr Taraschow fort: „Konnten Sie schon Erkenntnisse gewinnen?"

„Guten Morgen. Nein bevor ich mir sinnlose Arbeit mache wollte ich mich nochmals mit Ihnen abstimmen, was genau wir machen sollen.", antwortet er.

„Nun ich war bei einem Seminar und da ging es unter anderem um Nachhaltigkeit. Eine Kernaussage war, dass viele Change-Management Projekte anfänglich sehr erfolgreich sind, dann aber wieder in alte Gewohnheiten zurückfallen. Diese Vermutung habe ich bei uns auch und hätte das gerne anhand der Firmendaten belegt, sofern dies möglich ist. Ich stelle mir das so vor, dass Sie die Unternehmensdaten zirka drei Monate vor jeder Einführung einer Verbesserungsmaßnahme bis vielleicht ein Jahr nach Einführung in Schaubilder zusammen packen. Welche Zahlen würde ich gerne Ihnen überlassen. Vielleicht lässt sich daraus eine Tendenz erarbeiten.", erkläre ich ausführlich.

„Ok, ich denke ich habe verstanden. Hört sich interessant an. Auf die Ergebnisse bin ich auch schon gespannt.", erwidert Herr Taraschow.

„Ich auch! Was denken Sie, wie schnell können Sie das realisieren?", frage ich nach.

„Da ich zurzeit einen Praktikanten habe und der, was solche Schaubilder betrifft ein wahrer Excel-Cowboy ist, wird das sicherlich sehr schnell gehen. Übermorgen, denke ich.", antwortet er.

„Ok, Sie melden sich einfach, dann machen wir einen Termin aus. Danke für den schnellen Rückruf.", erwidere ich.

„Alles klar, Herr Single, einen schönen Tag noch!", schließt Herr Taraschow das Gespräch.

„Sorry für die Störung. Wo war ich nochmal stehen geblieben?", wende ich mich wieder Ulli, Quintus und Eddy zu.

„Irgendwas mit Bittsteller bei den Mitarbeitern!", antwortet Eddy mit Unterton.

„Ah ja, stimmt. Also wir sind Bittsteller bei den Mitarbeitern, weil die auch ihre Komfortzone verlassen müssen. Dabei gibt es sechs Ebenen des Widerstands. Interessanterweise hat dieses System der Widerstandsebenen seinen Ursprung in der Theory of Constraints, die wir ja eigentlich eingeführt haben.", mache ich weiter. „Naja, jedenfalls ist die erste Ebene *die Einigkeit über das Problem*, während die zweite Ebene *die Einigkeit über die Lösung* darstellt."

Nach einem kurzen Blick auf meinen Zettel, auf dem ich alles stichwortartig zusammengefasst habe fahre ich fort: „Die dritte Ebene ist der Glaube an *die Nachhaltigkeit der Lösung*. Die vierte Ebene ist dann *die Angst vor negativen Effekten*. Fünftens ist *die Angst vor Hindernissen bei der Einführung*. Und last but not least, die sechste, ist eine *unerklärbare Angst.*"

„Schön und was sagt uns das konkret?", will Ulli wissen.

„Nun, wenn wir das erst einmal verstanden und akzeptiert haben, dann wissen wir was zu tun ist. Vor meiner Zeit wurden Dinge vielleicht von oben herab eingeführt und anstatt Erfolg hat man dafür eher Widerstand geerntet. Eventuell hat man sogar versucht, die Leute abzuholen und auf den Weg mitzunehmen. Was aber offensichtlich keiner wusste, wenn unterschiedliche Menschen auf unterschiedlichen Ebenen stecken kann es nicht funktionieren. Selbst, wenn mehrere Personen auf derselben Ebene stehen jedoch unterschiedliche Ansätze haben, beispielsweise bei den Lösungen, wird es ebenfalls nicht funktionieren. Nehmt doch mal unsere erste Besprechung, die dieses Projekt ins Rollen gebracht hat. Könnt ihr euch noch erinnern?", erkläre ich.

„Ja, natürlich erinnere ich mich.", antwortet Quintus. „Die Besprechung, in der alle Schuld auf die Fertigung geladen wurde."

„Naja so war es ja auch nicht.", bremse ich, bevor sich wieder eine Diskussion ergibt. „Es war einfach nur so, dass ihr euch überhaupt nicht über das Problem einig ward. Ulli sah den Kunden, aber Ihr beide habt ein völlig anderes Problem gesehen. Deshalb kam es zum Streit. Denn alle Lösungen, die Ulli vorgeschlagen hat, um das Problem zu lösen, stießen bei euch auf Unverständnis. Das war auch klar, denn für Euer Problem war die Lösung von Ulli völliger Schwachsinn und das machte dich, Eddy, zum Schluss sogar aggressiv."

Kleinlaut muss Eddy zustimmen. Um das Thema zu wechseln will er wissen, was wir sonst noch im Workshop gelernt haben.

Da ich keine Diskussion will gebe ich seiner Frage nach und erzähle in der nächsten Stunde von den übrigen Einzelheiten, dem Fokus, den Glaubenssätzen und dem Thema mit dem Abnehmen. Alle drei hören aufmerksam zu. Ab und zu wirft einer eine Frage ein, die ich tatsächlich alle problemlos beantworten kann. Offensichtlich hat das Unterbewusstsein in den letzten Tagen sehr viel aufgenommen und interessanterweise sogar gespeichert. An meine Ausführungen schließe ich direkt eine Fragerunde oder besser eine Diskussionsrunde an. Parallel versuche ich die verschiedenen Widerstandsebenen bei den dreien herauszuhören und darauf einzugehen. Dies gelingt mir bis zu einem gewissen Grad recht gut. Diese Ebenen sind ein sehr mächtiges Werkzeug. Sind diese erst erkannt ist es deutlich einfacher zu argumentieren und beim Anderen eine Überzeugung zu erreichen. Nach gut zweieinhalb Stunden beende ich die Besprechung. Ich merke, dass diese neuen Erkenntnisse bei den Anderen erst einmal verarbeitet werden müssen. Wir vereinbaren, das Thema nochmals zu diskutieren, wenn Herr Taraschow seine Ergebnisse präsentiert. Langsam aber sicher fügen sich die Puzzlestücke zusammen und es ergibt ein Bild.

Zurück in meinem Büro widme ich mich nun den E-Mails. Wie an jedem anderen Tag auch sind mehr als 80% der E-Mails ohnehin sinnloser Schrott. Wenn es doch nur einen Computer gäbe, der so intelligent wäre, dass diese E-Mails automatisch gelöscht oder beantwortet werden würden. Dafür würde ich viel Geld bezahlen. Eine E-Mail weckt jedoch mein Interesse. Diese ist von Herr Iwersen, der sich nach dem aktuellen Stand erkundigt. Das wird eine längere Antwort und so entschließe ich mich, mir einen Kaffee zu holen und mich dann in Ruhe der Antwort zu widmen. Als ich an der Kaffeemaschine ankomme, bin ich erneut überrascht. Mein Unterbewusstsein bremst meinen Finger. Der will, wie gewohnt, auf die Taste für den Milchkaffee drücken. Aber mein Unterbewusstsein meldet sich. Immerhin hatten wir gelernt, wie wichtig kleine Veränderungen sind. Mein Unterbewusstsein signalisiert *Moment, die Taste drückst du immer, probiere mal was anderes.* 1:0, das Unterbewusstsein besiegt den Schweinehund und damit die Komfortzone. Daher drücke ich diesmal auf Cappuccino.

Zurück im Büro lese ich mir die E-Mail erneut durch. Eigentlich kurz und knapp die Aufforderung, den aktuellen Status weiterzugeben. Die Veränderung würde aber auf jeden Fall noch einige Wochen in Anspruch nehmen. Daher versuche ich die Antwort schon einmal so zu formulieren, dass man dies aus der E-Mail lesen kann, ohne direkt um eine Verlängerung zu bitten. Ich beginne und erzähle von den Erkenntnissen, dass unsere Verbesserungen alle nicht so gefruchtet haben, wie gedacht. Da er aber selbst diese Verbesserungen initiiert hat, muss ich bei der Formulierung aufpassen. Weiter erkläre ich ihm, dass wir derzeit in Zusammenarbeit mit dem Steuerberater einen Ansatzpunkt zur Analyse erarbeitet haben und bis Ende der Woche voraussichtlich mehr wissen. Auch von der Teilnahme am Workshop und den daraus gewonnenen Erkenntnissen erzähle ich ihm. Der Scrollbalken der E-Mail wird immer kleiner. So eine lange E-Mail habe ich schon lange nicht mehr verfasst.

Als ich fertig bin nehme ich meinen inzwischen stark abgekühlten Cappuccino, lehne mich zurück und lese die E-Mail nochmals durch. Glücklich bin ich jedoch nicht. Daher markiere ich den gesamten Text, lösche ihn und schreibe denselben Inhalt nochmals in einer deutlich kürzeren Variante. Die lange E-Mail hätte sich eh kein Mensch durchgelesen. Am Ende biete ich ihm an, alles in einem Gespräch tiefer zu erklären. So kann ich die E-Mail kurz halten und im Gespräch dann den Nutzen des Workshops besser rüber bringen.

Gerade als ich die letzte E-Mail beantwortet habe meldet sich mein digitaler Terminplaner und weist mich darauf hin, dass der Hundetrainer heute nach Hause kommt und ich früher gehen sollte. Nach kurzem Überlegen kann ich gedanklich alle Punkte, die ich heute erledigen wollte, abhaken. Zufrieden mache ich mich auf den Weg aus dem Büro, informiere Emilia noch kurz, dass ich ab Morgen wieder verfügbar bin und steige ins Auto ein.

12

Der Samstagmorgen verläuft ruhig. In den vergangenen Tagen hatte ich jeden Abend mit Henry geübt und ich muss sagen, diese Übungseinheiten haben meiner Beziehung zu Henry sehr gut getan. Herr Steinbeck hat sich auf 14 Uhr angekündigt, was mir erlaubt morgens noch einmal eine Übungseinheit einzulegen. Wie ich vermutet habe, bleibt mir an diesem Morgen allerdings die wenigste Zeit. Denn auch Nate und Selina wollen Herrn Steinbeck erneut beeindrucken. Daher wollen die Beiden auch nochmal üben. Um dem Samstagmorgen kein unnötiges Stresspotential zu verleihen gebe ich klein bei und breche nach einer kurzen Übung ab. Auch wenn ich am Wenigsten geübt habe, lässt sich ganz klar erkennen, dass Henry auch bei mir besser gehorcht. Dieselbe Erziehung macht es möglich. So scheint er unabhängig von der Person, allein auf Grund derselben Vorgehensweise die Kommandos bei allen besser zu befolgen. Indirekt bringt mir die Trainingseinheit meiner Kinder also auch was und ich kann mich gemütlich mit einer Tasse Kaffee in mein Büro setzen. Ich muss ohnehin noch einige Dinge erledigen, die schon längst überfällig sind.

Kurz vor 14 Uhr höre ich ein schweres Fahrzeug, mit großem Dieselmotor, in die Einfahrt einbiegen. Das muss Herr Steinbeck sein. Nachdem es bis Freitagnachmittag immer wieder geregnet hat, ist heute endlich wieder ein schöner Tag und die Übungen können draußen durchgeführt werden. Auch die Kinder haben bemerkt, dass Herr Steinbeck hier ist. Die Beiden sind total aufgeregt, als ob dies der Wettkampf Ihres Lebens wäre.

Wenige Augenblicke später klingelt es. Henry macht einen Satz wird aber von Selina direkt zurückgerufen. Zu meiner Verwunderung funktioniert das sehr gut. Olivia macht sich auf den Weg zum Türöffner. Nate und ich bleiben im Wohnzimmer sitzen, Selina steht, für alle Fälle, neben Henry. Wir hören, wie Olivia Herrn Steinbeck in Empfang nimmt und begleitet von einem small talk mit ihm Richtung Wohnzimmer kommt. Mit einer freundlichen Begrüßung in die Runde betritt er das Wohnzimmer. Nun gibt es auch für Henry kein halten mehr. Mit einem *Na, dann lauf eben*, das Selina ruft, um die Kontrolle nicht ganz abzugeben, macht sich Henry auf und begrüßt den Hundetrainer freudig. Die Kinder beginnen überfallartig zu erzählen, welche Fortschritte Sie gemacht haben und wie stolz Sie sind. Herr Steinbeck hält die Spannung gekonnt hoch, indem er erwidert, dass er sie erst loben kann, wenn er die Ergebnisse gesehen hat. Das lassen sich die Beiden nicht zweimal sagen und öffnen die Tür auf die Terrasse.

„Nun Herr und Frau Single, ich denke wir müssen nun auch raus. Vielleicht können wir uns später noch ein bisschen unterhalten.", beginnt Herr Steinbeck.

Olivia muss noch kurz etwas im Haus erledigen und will dann folgen. Herr Steinbeck und ich machen uns auf den Weg raus zu den Kindern. Die beginnen sofort und zeigen was sie alles können. Henry macht bereitwillig mit. Das Ganze wirkt jedoch sehr planlos und unstrukturiert. Nach wenigen Momenten bremst Herr Steinbeck die Drei. Er gibt ihnen nun vor, was zu zeigen ist. Brav halten sie sich an seine Vorgaben und lassen Henry sitzen, liegen oder zu sich kommen. Bis auf einige Kleinigkeiten funktioniert es hervorragend. Auch Olivia und ich zeigen, was wir können. Wie bei jedem Training ist meine Leistung eher am unteren Ende der Skala. Zwar ebenfalls deutlich besser als früher, aber eben kein Vergleich zu den Dreien. Wie im Flug vergeht die erste Stunde mit Herrn Steinbeck. Henry ist inzwischen total erschöpft. Für einen Hund ist ein solches Training Höchstleistung in Sachen Konzentration. Er braucht dringend eine Pause und so schlagen wir den Kindern vor, einen Spaziergang mit Henry zu machen. Wir erwachsenen würden in der Zwischenzeit einen gemütlichen Kaffee trinken. Das mussten wir den beiden nicht zweimal sagen. Selina war bereits nach dem halben Satz auf dem Weg ins Haus, um die Leine zu holen.

Olivia und Herr Steinbeck machen es sich auf der Terrasse gemütlich, während ich mich dazu bereit erklärt habe, den Kaffee zu machen und raus zu bringen. Schnell hole ich noch einige Kekse aus dem Schrank und stelle alles auf ein Tablet. Draußen angekommen setze ich das Tablet auf dem Tisch ab und nehme bei den Beiden Platz.

„Ich habe Herrn Steinbeck gerade von deinem Workshop erzählt und, dass Du weniger zum Üben kamst, als wir.", beginnt Olivia. „Außerdem von Selina und ihrer Feststellung, dass Change-Management vergleichbar ist mit Hundeerziehung."

„Nun, da liegt Selina gar nicht so falsch.", stellt Herr Steinbeck fest.

„Ja, das glaube ich auch.", gebe ich ihm Recht. „Der Workshop war im Generellen sehr interessant. Es ging um Komfortzonen von Jedem. Besonders beeindruckend waren aber die Widerstandsebenen des Menschen, von denen es sechs gibt und Glaubenssätze."

„Aha und Sie denken Sie wissen nun darüber Bescheid?", fragt Herr Steinbeck.

„Zumindest über die Theorie weiß ich schon einiges, praktisch angewendet habe ich es bisher eher nicht.", antworte ich.

„Dann lassen Sie mal unsere Termine Revue passieren und versuchen mal Parallelen zu erkennen.", forderte mich Herr Steinbeck auf.

„Wie meinen Sie das?", frage ich zurück.

„Ok, ich will es Ihnen einfacher machen.", antwortet Herr Steinbeck. „Sehen Sie, als ich das erste mal zu Ihnen kam, habe ich zu Beginn relativ wenig geredet. Das heißt ich habe Ihr Verhalten und damit auch Ihre Glaubenssätze identifiziert. Dann habe ich Ihnen geholfen Ihre Glaubenssätze zu verändern. Das war die Lektion *aus vier Hundeerziehungssystemen machen wir eines.* Damit habe ich Sie alle gleichzeitig aufgefordert *Ihre Komfortzone zu verlassen.* Und wenn wir es nun ganz genau betrachten, dann habe ich *Ihre Widerstandsebenen identifiziert* und mit Ihnen allen zusammen zuerst das

Problem geklärt, dann die Lösung, die Nachhaltigkeit und die anderen Ebenen."

Überrascht schaue ich Ihn an. Offensichtlich kennt er die Ebenen.

„Sie kennen die Widerstandsebenen?", fragte ich deutlich beeindruckt.

„Natürlich. Mein Beruf ist Change-Management. Was denken Sie, wie oft ich auf Hundehalter treffen, die der Meinung sind der Hund wäre das Problem? Und wie oft muss ich die Herrschaften dann abholen, das Problem gemeinsam neu definieren und dann die Hundehalter dazu bewegen aus Ihrer Komfortzone zu kommen. 80% meiner Zeit erziehe ich Menschen!", erklärt er.

„Wow, Sie schaffen es mich jedes Mal aufs Neue zu beeindrucken.", muss ich gestehen, während Olivia zustimmend nickt.

„Ach was, das ist nichts beeindruckendes. Aber eines kann ich Ihnen garantieren, mit dem Wissen aus dem Workshop werden Sie einiges im Unternehmen bewegen können.", bestätigt Herr Steinbeck.

„Ich weiß nicht, vielleicht ist das jetzt eine blöde Idee. Aber ich würde Sie gerne zu uns ins Unternehmen einladen. Ich bin der Theoretiker, aber Sie können aus der Praxis erzählen. Von den vielen Hundehaltern und sicherlich würde das der Überzeugung meiner Mitarbeiterinnen und Mitarbeiter deutlich helfen. Was meinen Sie?", fragte ich zögerlich.

„Nun ich weiß nicht, ich bin nicht unbedingt der Business Mensch. Aber es könnte eine gute Erfahrung sein und man soll ja schließlich seine Komfortzone verlassen und neues wagen. Wie haben Sie sich das vorgestellt?", antwortet er.

„Nun ich würde sagen, ich rufe eine Besprechung ein. Teilnehmen werden mein Fertigungsleiter, der Qualitätsleiter, die Vertriebsleiterin, die Personalleiterin und vielleicht noch drei, vier weitere Personen. Ich würde, gerade in der Führungsebene, zum einen die Einsicht und zum anderen das Verständnis für die Widerstandsebenen klar machen. Ich denke, mit diesen Leuten hätten wir die richtigen Multiplikatoren im Unternehmen.", schlage ich vor.

„Ok. Ich habe Dienstag und Donnerstag keine Zeit, da ist Hundeschule. Aber an den anderen Tagen kann ich sicherlich kurzfristig einen Termin finden. Allerdings sollten Sie Belege haben, was genau das Problem ist. So lange Ihnen das nicht klar ist wird es schwer, alle anderen auf der Ebene des Problems mitzunehmen. Dasselbe gilt für die Lösungsebene. Können Sie das noch vorbereiten?", spricht er weiter.

„Ja, ich denke das geht. Ich werde direkt am Montag im Unternehmen mal schauen, ob wir das schon alles haben. Wenn ja, würde ich Sie wirklich recht kurzfristig um einen Termin bitten. Die Zeit drängt etwas.", antworte ich.

Nun steigt in mir ein Gefühl der Nervosität auf. Das war ein gewagter Schritt. Ob die Anderen wohl einen Hundetrainer als Unternehmensberater akzeptieren würden? Aber egal, wer Erfolg will, muss unkonventionelle Wege gehen. Damit belasse ich es auch, seine

Zusage ist ohnehin mehr als ich erwartet habe. Auch er empfindet offenbar, dass über dieses Thema alles notwendige gesagt ist und wechselt das Thema. Während wir uns unterhalten, hat Olivia sich zwischenzeitlich auf dem Weg zum Bäcker gemacht.

Von weitem können wir die Kinder bereits hören, der Spaziergang neigt sich scheinbar dem Ende zu. Zeitgleich kommt auch meine Frau wieder in den Garten. Gemeinsam sitzen wir alle am Tisch und genießen eine Tasse Kaffee und die Kinder eine Tasse Kakao. Wie immer hat jeder noch etwas Süßes vom Bäcker vor sich. Henry verabschiedet sich ins Haus. Nach dem Training und dem Spaziergang braucht er erstmal Wasser und seine Hundedecke.

Nach einer ausgiebigen Pause entschließen wir uns, nochmals für eine Stunde zu üben. In dieser Zeit erhalten wir noch weitere wertvolle Tipps von Herrn Steinbeck.

Nachdem er weg ist, belohnen wir uns für diesen anstrengenden Tag mit Grillen auf der Terrasse und lassen den Abend so ausklingen.

13

Inzwischen hat es sich spürbar abgekühlt. Bald ist die Zeit wieder reif für eine Jacke. Ich steige aus dem Fahrzeug und laufe mit schnellem Schritt zur Eingangstür des Unternehmens. In der Eingangshalle kommt mir ein warmer Luftzug entgegen. Für einen kurzen Moment läuft es mir eiskalt den Rücken hinunter. Auf dem Weg zu meinem Büro ist der Flur heute so leer, wie die Straßen in einem Wild West Film. Fehlt nur noch das Gestrüpp, welches vom Wind getragen durch den Flur fegt.

Ich muss noch so viel vorbereiten. Heute ist ein sehr wichtiger Tag. Immerhin will Herr Iwersen an unserem Treffen mit Herrn Taraschow teilnehmen. Ich persönlich finde das gut. Er hat die ganzen Systeme und Verbesserungsprojekte eingeführt. Sollte sich bewahrheiten, was wir vermuten, dann muss irgendjemand diese Systeme in Frage stellen. Auch wenn ich Geschäftsführer bin, die Kinder, also Projekte, des Inhabers hässlich nennen, würde ich nur ungern selbst machen. Da ist es mir lieber, Herr Taraschow übernimmt diese Aufgabe. Außerdem gilt der Prophet im eigenen Land nichts, dies ist ein weiteres Argument, warum der Steuerberater genau der Richtige dafür ist.

Herrn Taraschow habe ich auf 9.30 Uhr in mein Büro bestellt. Quintus, Ulli, Eddy und Herr Iwersen dann auf 10 Uhr ins Besprechungszimmer. Bevor Herr Taraschow seine Erkenntnisse allen präsentiert, möchte ich noch einmal allein mit ihm sprechen. Schließlich muss ich meine Taktik auf seine Ergebnisse abstimmen.

Aber aus den Telefonaten mit ihm konnte ich bereits heraushören, dass wir auf der richtigen Spur sind. Eigentlich wollte ich auch gleich Herrn Steinbeck einladen. So zu sagen als große Überraschung des Tages. Aber als ich davon erfahren habe, dass Herr Iwersen auch teilnimmt habe ich den Termin nochmals verschoben. Bei den Anderen bin ich mir sicher, dass sie den Hundetrainer akzeptieren und ihm zuhören würden. Bei Herrn Iwersen kann ich das nicht einschätzen. Er will Ergebnisse sehen und bei allem Verständnis für meine Situation hat er seinen Cousin im Nacken. Diesen Joker werde ich zu gegebener Zeit zücken.

Einige Telefonate und E-Mails später klopft es an meine Tür. Nach meiner Aufforderung einzutreten streckt Emilia den Kopf herein und kündigt Herrn Taraschow an. Einen Moment später steht er in der Tür. Wie immer sehr vornehm gekleidet hält er eine Ledermappe unter dem linken Arm. Er kommt näher und streckt mir seine rechte Hand zum Handschlag entgegen. Nach unserer Begrüßung setzt er sich auf den Stuhl vor meinem Schreibtisch. Auch ich setze mich wieder. Seine Ledertasche legt er auf meinen Schreibtisch und öffnet sie. Zuerst kramt er sein, mir wohlbekanntes, Notebook heraus. Unter der Erklärung, dass dies erst für später benötigt werden würde kramt er weiter. Einige Sekunden später holt er einen roten Schnellhefter hervor. Unter der Klarsichthülle des Schnellhefters kann ich deutlich einige farbige Schaubilder erkennen. Herr Taraschow erklärt mir, dass die Präsentation von nachher in diesem Schnellhefter sei und wir zu Zweit ja diese

Version anschauen könnten. Ich fordere Ihn auf näher an die Ecke meines Schreibtisches zu kommen, so dass wir über Eck sitzen und beide in die Mappe schauen können.

„Herr Single, Ihr Einfall war brillant.", beginnt Herr Taraschow. „Zuerst habe ich mir die Zahlen angeschaut und konnte keine Ihrer Vermutungen teilen. Dann habe ich die Zahlen dem Praktikanten gegeben und ihn Schaubilder ausarbeiten lassen. Was soll ich sagen. Auf den Schaubildern erkennt man es sehr deutlich."

„Und?", frage ich gespannt.

„Naja, Ihr Unternehmen scheint immer schlagartig besser zu werden und kurze Zeit später folgt der Wendepunkt. Allerdings ist der Wendepunkt deutlich schwieriger zu erkennen. Oder sagen wir nicht der Wendepunkt, sondern eigentlich der Abwärtstrend. Die Verbesserung ist sehr markant. Die Umkehr dann aber sehr schleppend. Wenn man aber einmal das System erkannt hat, dann ist im Prinzip völlig gleichgültig, welche Verbesserung Sie hernehmen. Jede läuft gleich ab."

„JA! Ich wusste es doch. Das müssen wir nachher nur schonend an Herrn Iwersen weitergeben. Immerhin hat er diese ganzen Verbesserungen eingeführt.", gebe ich zu bedenken.

„Keine Sorge, ich habe es so aufbereitet, dass es keine Zweifel an den Fehlern gibt und trotzdem kein Schuldiger angeprangert wird. So hat Herr Iwersen sicherlich Gelegenheit den Fortschritt zu würdigen, ohne selbst sein Gesicht zu verlieren.", erwidert Herr Tara-schow.

„Das hört sich gut an, denn sonst haben wir bereits mit ihm die erste Widerstandsstufe zu bewältigen.", erkläre ich.

„Wie gesagt, keine Sorge. Das kriegen wir hin.", beruhigt Herr Taraschow weiter.

Nach diesem erkenntnisreichen Gespräch wechseln wir das Thema und reden eher über belanglose Dinge. Emilia versorgt uns noch mit einem Kaffee und so vergehen diese dreißig Minuten in gefühlten fünf. Herr Taraschow trinkt seinen letzten Schluck aus der Tasse und nimmt dann seine Ledertasche. Schnell verschwindet das Notebook darin. Den Schnellhefter lässt er mir gleich hier liegen. Diese Ausfertigung wäre ohnehin für mich gewesen. Gemeinsam laufen wir die paar Schritte vom Büro zum Besprechungsraum. Quintus und Ulli sitzen bereits.

Im Anschluss an die obligatorische Begrüßungsrunde durch Herrn Taraschow entscheiden wir uns, noch auf die Anderen zu warten. Immerhin fehlten Eddy und Herr Iwersen noch. Herr Taraschow startet gekonnt einen small talk, um die Zeit des Wartens zu verkürzen. Plötzlich spüre ich das Vibrieren meines mobilen Telefons. Als ich es aus der Hosentasche nehme und auf das Display schaue, erkenne ich die Nummer von Herrn Iwersen. Die ganze kenne ich zwar nicht auswendig, aber die Endung *007* ist markant. Er teilt mir mit, dass er noch im Verkehr steckt und sicherlich zehn Minuten später kommen wird. Wir sollen nicht auf Ihn warten und schon einmal beginnen. Noch während ich telefoniere kommt Eddy herein und entschuldigt sich für die Verspätung. Nachdem ich aufgelegt habe, teile ich den Anderen den Wunsch von Herrn Iwersen mit und so beginnt Herr Taraschow sein Notebook an unseren Beamer anzuschließen.

Nach anfänglichen Schwierigkeiten erscheint eine Bildschirmpräsentation an der Wand. Die Anderen schauen gespannt nach vorne, während ich in meinen Gedanken bereits drei Schritte weiter bin. In meinem Kopf plane ich schon die ersten Workshops mit den Mitarbeitern.

„So, meine Damen und Herren. Ich darf Ihnen heute meine Erkenntnisse erörtern.", beginnt Herr Taraschow. „Wie bereits von Herrn Single vermutet, konnte ich einige interessante Zusammenhänge klar herausarbeiten. Er hatte mir die Daten gegeben, wann welche Verbesserungsprojekte initiiert wurden. Ich habe auf Basis dieser Daten versucht durch verschiedene Kennzahlen einen Zusammenhang zu ermitteln. Aus meiner Sicht ist dies auch sehr gut gelungen."

Mit dem Ende dieses Satzes öffnet sich die Türe zum Besprechungszimmer. Herr Iwersen betritt den Raum und begrüßt alle. Da er die Runde nicht stören möchte verzichtet er darauf jedem einen Handschlag zu geben, entschuldigt sich für seine Verspätung und setzt sich auf einen freien Stuhl.

„Hallo Herr Iwersen, Sie haben eigentlich noch nichts verpasst.", beginnt Herr Taraschow nochmal. „Ich hatte nur gesagt, dass ich auf Basis der Informationen von Herrn Single versucht habe Zusammenhänge zu identifizieren. Und aus meiner Sicht ist dies sehr anschaulich gelungen."

Mit diesen Worten öffnet er die nächste Folie und erzählt weiter: „Meine Dame, meine Herren, hier habe ich den Zeitraum zirka vier Monate vor der Einführung des ersten Verbesserungsprojekts bis ungefähr zehn Monate danach. Bei jeder Verbesserungsmaßnahme musste ich mir zuerst überlegen, welche Kennzahlen wohl am sichtbarsten beeinflusst wurden. Bitte beachten Sie beim Lean Management die sprunghafte Verbesserung des Umlaufbestands. Auch schön zu sehen ist die steigende Liquidität. Diese war zwar immer auf einem sehr hohen Niveau, aber Lean führte zu einem wirklich dramatisch positiven Anstieg."

Eine Welle von zufriedener Energie durchdringt den Raum. Besonders Herr Iwersen gefällt, was er da sieht.

„Aber bevor Sie sich zu sehr loben.", besänftigt Herr Taraschow. „Beachten Sie, wie die steile Erfolgskurve kaum vier Monate später ihren Zenit erreicht und dann schleppend wieder schlechter wird. Bereits nach zehn Monaten haben wir den alten Stand wieder erreicht."

Herr Iwersen versucht direkt zu ergänzen: „Ja, da kann ich mich noch gut erinnern. Damals hat die Wirtschaft verrückt gespielt. Wir waren ja schon froh, dass wir überhaupt mit Lean begonnen hatten, sonst wären wir noch schlechter gewesen."

„Ok. Das klingt vernünftig. Die Wirtschaft damals war wirklich turbulent. Auch ich erinnere mich. Damals

162

hatten viele meiner Klienten ähnliche Probleme.", bestätigt Herr Taraschow. „Aber zum Glück dauerte die Krise ja nur knapp zwei Jahre."

„Ach was, nach zwölf Monaten war die bereits wieder Geschichte", korrigiert Herr Iwersen.

Mit einem Grinsen fährt Herr Taraschow fort: „Ok. Das verwundert mich nun etwas. Wäre die Krise also wirklich der Grund gewesen, dann hätten wir ja bereits zwölf Monate später wieder eine sprunghafte Verbesserung erkennen müssen. Leider konnte ich in der gesamten Zeitleiste bis zum nächsten Projekt keine solche Verbesserung sehen. Ist das nicht komisch?"

Herr Iwersen ist sichtlich genervt. Diese Antwort nimmt ihm komplett den Wind aus den Segeln und so verzichtet er darauf diese Aussage zu erwidern.

„Ich denke wir sind uns was diese Verbesserungsmaßnahme betrifft einig. Schauen wir doch die nächste einfach mal an.", fährt Herr Taraschow fort. „Soweit ich mich erinnern kann war das nächste eine Qualitätsoffensive. Um hier eine Auffälligkeit zu entdecken mussten wir völlig andere Kennzahlen auswerten. Auf den ersten Blick hatte ich die Qualitätskostenstelle im Auge, aber leider konnte ich hier keine großen Einsparungen finden. Hier schienen die Kosten eher nach oben zu gehen."

Quintus beginnt sofort mit der Rechtfertigung: „Das ist doch auch logisch. Wir haben Qualitätstore eingeführt. Das sind weitere Prüfungen, um zu verhindern, dass der Kunde schlechte Teile bekommt. Diese

Maßnahme kostete Geld, aber es hat auch Wirkung gezeigt."

„Danke für Ihre Erläuterung. Gestatten Sie mir eine Frage?", fragt Herr Taraschow nach und macht eine kurze Sprechpause. „Kann Ihr Vertrieb seither mehr Geld für die Teile verlangen?"

Sofort meldet sich Ulli: „Nein, leider nicht. Warum fragen Sie?"

„Nun ganz einfach. Wenn ich auf der einen Seite Kosten habe, dann muss ich auf der anderen Seite Nutzen haben. Ist dies nicht der Fall muss ich diese Maßnahme in Frage stellen. Schließlich ist Ihr Unternehmen keine karitative Einrichtung, oder?", erklärt Herr Taraschow.

Ich bin beeindruckt. Herr Taraschow stellt die richtigen Fragen und erhöht so bei jedem das Gefühl von Dringlichkeit, ohne dass er sich wirklich Feinde macht. So kannte ich das bisher nur von Gutachtern in großen Schadensfällen. Gespannt höre ich den weiteren Ausführungen zu.

„Ja, da ist was dran.", gibt Quintus zu.

„Sehen Sie! Und was noch schlimmer ist, ich bin dann fündig geworden bei der OEE[3], der Gesamtanlageneffektivität. Wie Sie selbst wissen, berücksichtigt diese Kennzahl die Maschinenverfügbarkeit, den Leistungsfaktor und den Qualitätsfaktor. Sie sagt also aus, wie viel oder wenig Stillstandszeit die Anlage hat. Wie gut die Ausbringung ist und, für diese Betrachtung das

---

[3] Overall Equipment Efficiency ist eine Kennzahl über die Gesamtanlageneffektivität

Wichtigste, wie wenige Schlechtteile produziert werden. Diese Kennzahl verbesserte sich in den ersten Wochen massiv an den wichtigen Anlagen. In den Folgewochen dann kontinuierlich weiter. Signifikant hatte sich in dieser Zeit der Qualitätsfaktor verbessert. Aber, auch hier konnte ich nach rund einem halben Jahr bereits eine Kehrtwende entdecken. Selbst in der Betrachtung über 24 Monate konnte ich dann keine Senkung mehr entdecken. Eine langsame schleppende Verschlechterung führte letztendlich fast wieder auf den alten Wert."

Herr Taraschow bewegt sich mit einer Entschuldigung vom Besprechungstisch weg und läuft zur Kaffeemaschine. Er nimmt sich eine Tasse, stellt diese unter die Maschine und drückt einen der Knöpfe. Das Mahlwerk der Maschine beginnt mit lautstarkem Mahlgeräusch einen Kaffee zuzubereiten. Mir kommt es so vor, als ob er auch diese Pause strategisch richtig platziert hat.

„So meine Dame, meine Herren, sind Sie soweit bei mir? Das ist wichtig, denn bei einem Projekt kann es Zufall sein, bei zweien ist es wohl keiner. Aber ich kann Ihnen versichern, am Ende der Besprechung werden wir alle einen Trend erkennen können.", fährt er fort und hält dabei die Tasse und den Untersetzer in seinen Händen. „Beim dritten Projekt tat ich mich am schwersten. Herrn Single sagte mir den Zeitraum, indem dieses Projekt begonnen wurde. Egal welche Kennzahl ich auf einer Zeitlinie auswerten wollte, ich konnte keine Veränderung erkennen. Nach Rücksprache mit Herr Single hatte ich versucht weitere Informationen zu erhalten.

Das Projekt war, wenn ich das richtig verstanden habe, ein Effizienzsteigerungsprojekt. Hier habe ich eine gute und eine schlechte Nachricht für Sie. Die schlechte, es war auch nach nochmaliger Analyse der Zahlen auf betriebswirtschaftlicher Ebene keinerlei Verbesserung zu erkennen. Die gute Nachricht gleich hinterher. Es war im Verlauf der kommenden Monate dann aber auch keine Verschlechterung zu identifizieren. Ich möchte Sie nicht entmutigen, aber bei diesem Projekt wurde am wenigstens Schaden angerichtet."

Herr Iwersen greift wieder energisch ein: „Also Herr Taraschow, bei aller Ehre. Ich war damals noch als Geschäftsführer mit dabei und wir konnten definitiv Verbesserungen in den Kennzahlen erkennen. Wie können Sie sagen es seien keine da gewesen?"

„Nun wie gesagt, ich habe keine gefunden. Vielleicht hatten Sie in der Fertigung Kennzahlen, die eine Verbesserung aufgezeigt hatten. Aber auf betriebswirtschaftlicher Ebene konnte weder eine Umsatzsteigerung noch eine Gewinnsteigerung noch eine Kostensenkung identifiziert werden. Das sind die einzigen Fakten, die mich interessieren. Wenn sich keine dieser Zahlen verändert, dann stelle ich mir die Frage warum das Projekt durchgeführt wurde. Es tut mir leid, aber das ist Aufwand ohne Nutzen!", spielt er gekonnt den Ball zurück.

„Es gefällt mir zwar nicht was Sie hier analysieren, aber offensichtlich haben wir in der Vergangenheit doch einige Fehler gemacht. Den Schuh muss ich mir wohl anziehen.", erwidert Herr Iwersen.

Das war das richtige Signal. Wenn Herr Iwersen seine Fehler einsieht, dann kriege ich Ihn vielleicht dazu mir noch etwas mehr Zeit zu verschaffen. Immerhin hat die Analyse bis zu diesem Punkt sehr viel Zeit in Anspruch genommen. Dieser Weg der Erkenntnis war aber wichtig. Für die Veränderung brauchten wir aber auf jeden Fall mehr Zeit. Durch diese Aussage von Herrn Iwersen sehe ich hierfür eindeutig eine Chance. Nach diesem Meeting muss ich unbedingt mit Herrn Iwersen unter vier Augen sprechen.

„So, aber nun kommen wir zum letzten Projekt. Ich hatte Ihnen ja versprochen einen Trend aufzuzeigen. Auch wenn ich mit dieser Aussage fast die ganze Spannung aus meiner nächste Folie nehme, es ist leider so. Das letzte Projekt ist ein sehr junges Projekt. Sie haben die Theory of Constraints eingeführt. Übrigens eine sehr tolle Geschichte. Ich kenne einige sehr erfolgreiche Unternehmen, die sich nach dieser Theorie aufgestellt haben.", fährt er fort. „Auch hier konnte ich nach der Einführung sehr positive Entwicklungen sehen. Umlaufbestand wurde gesenkt, damit wurde weniger Rohmaterial benötigt und die Liquidität wurde enorm gesteigert. Auch andere Kennzahlen konnten deutlich verbessert werden. Ich würde sagen von der Wirkung her das wohl beste Projekt in Ihrer Firmengeschichte."

„Gleich kommt das Aber.", wirft Eddy ein.

„Genau, gleich kommt es.", antwortet Herr Taraschow. „Seit zirka zwei Monaten erkenne ich auch hier wieder eine Verschlechterung. Da dieses Projekt noch nicht lange genug läuft kann ich den Trend noch nicht bis zu Ende zeichnen, aber es zeigt sich bereits die Kehrtwende. Hier müssen Sie baldmöglichst nachjustieren!"

„Das kann doch nicht sein. Sind wir denn alle blöd?", stellt Eddy sich selbst und uns alle in Frage.

„Nein. Sie haben dasselbe Problem wie alle anderen auch! Sie beginnen etwas und dann bringen Sie es nicht zu Ende.", ermahnt Herr Taraschow.

Das ist meine Chance. Offensichtlich hat der Vortrag alle so aufgerüttelt, dass Sie sich nicht im Verteidigungsmodus befinden. Sofort stehe ich auf und klinke mich ins Gespräch ein. Ich gehe zum Flipchart und greife mir einen Stift.

„Ich möchte hier mal einen Gedanken in die Runde werfen.", beginne ich. Ich schaue zu meinen drei Führungskräften und fahre fort: „Ihr erinnert euch an mein Schaubild, welches ich von dem Workshop mitgebracht hatte? Es ging um genau dieses Thema. Für Sie, Herr Iwersen, ich war auf einem Change-Management Workshop. Wenn ich Ihnen gleich das Schaubild aufmale und dann die Folien von Herrn Taraschow einblende werden Sie Parallelen entdecken."

Mit diesen Worten beginne ich das Schaubild zu zeichnen. Währenddessen erkläre ich die Zusammenhänge. Herr Taraschow nickt nebenbei zustimmend und bekräftig meine Sichtweise durch einige Einwürfe und Ergänzungen.

„Ich verstehe. Die Ansätze unserer Projekte waren also eigentlich gut, nur die Umsetzung war fehlerhaft.", beginnt Herr Iwersen zu reflektieren. „Aber was heißt das nun konkret?"

„Das heißt konkret, dass wir den Fehler gefunden haben. Es bedeutet auch, wir sprechen alle vom selben Problem. Ich habe schon eine Lösung, von deren Nachhaltigkeit ich überzeugt bin. Einen Berater habe ich bereits organisiert. In einem ersten Gespräch wird er die Führungskräfte tiefer in die Geheimnisse der Nachhaltigkeit einführen. Nach und nach werden wir die Mitarbeiter abholen und mit Ihnen durch alle Ebenen der Widerstände marschieren."

„Ebenen der Widerstände?", Herr Iwersen schaut mich ungläubig an.

„Ja. Das war ein Teil des Workshops. Es gibt bei jedem Menschen verschiedene Ebenen des Widerstands. Sind zwei Menschen auf unterschiedlichen Ebenen werden diese keine gemeinsame Lösung finden. Das ist die Theorie. Wenn Sie wollen lade ich auch Sie zum ersten Treffen mit dem Berater ein. Allerdings ist er etwas unkonventionell.", nutze ich meine Chance.

„Was heißt er ist unkonventionell?", will Herr Iwersen wissen.

„Sagen wir einfach, er ist nicht der klassische Berater. Aber er hat mir die Augen geöffnet. Lassen Sie sich überraschen.", antworte ich. „Herr Iwersen, das heißt aber auch, wir brauchen noch Zeit. Mehr Zeit!"

„Unter diesen Umständen wäre es wohl unfair, wenn ich Ihnen diese nicht geben würde. Immerhin habe ich in mehreren Jahren mit einigen Projekten die Situation nicht im Geringsten verbessert. Da wäre es verwegen, von Ihnen in sechs Monaten Wunder zu erwarten.", gibt er zu.

„Schön, das freut mich. Emilia wird Ihnen eine Einladung schicken, falls Sie Zeit haben würde ich mich freuen.", erwidere ich.

Die Erleichterung, über die Verlängerung der Galgenfrist steht mir ins Gesicht geschrieben.

Wir unterhalten uns noch eine ganze Weile über die einzelnen Sachverhalte und Ursachen. Allerdings ist diese Unterhaltung anders, als die Besprechungen der letzten Wochen. Herr Taraschow hat es offenbar geschafft, alle mit ins Boot zu holen. Keiner traut sich den Anderen für irgendetwas verantwortlich zu machen. Jeder sieht, dass auch er und seine Abteilung mitverantwortlich sind. Mir scheint dies der optimale Ausgangspunkt für das weitere Verbesserungsprojekt zu sein.

Am Nachmittag rufe ich direkt Herrn Steinbeck an und vereinbare einen Termin. Diese Chance möchte ich mir nicht entgehen lassen. Auch Herr Iwersen scheint die Situation zu erkennen und ist für Änderungen bereit. Zufrieden mit diesem Tag genieße ich einen letzten Kaffee in meinem Büro und freue mich auf den Termin mit Herrn Steinbeck.

14

Ohne die Kinder waren die Samstage noch schön ruhig. Heute ist an ausschlafen nicht mehr zu denken. Bereits morgens um 8 Uhr hat Nate zu viel Energie, an der er alle anderen lautstark teilhaben lässt. Ich denke mir, *für jedes Verhalten gibt es den richtigen Kontext.* Aber dieser Sonntagmorgen ist definitiv nicht der richtige Kontext für Nates Verhalten.

Ich fühle mich wie gerädert, aber an schlafen ist nicht mehr zu denken. Also stehe ich auf und gehe erstmal ins Bad. Olivia ist wohl schon vor einiger Zeit aufgestanden. Zumindest kann ich hören, wie sie versucht Nate etwas zu beruhigen. Die Tatsache, dass Henry inzwischen von der Hektik angesteckt wurde und wie ein Verrückter durch das ganze Haus rennt ist jedoch nicht hilfreich. Als ich gerade aus dem Bad komme rennt Henry die Treppe hoch und stellt sich in Lauerstellung vor mich. Dazu streckt er seinen Hintern nach oben und die Vorderläufe stellt er breit auf den Boden. In dem Moment reicht eine kurze Bewegung von mir und er rennt bellend im Kreis um mich herum. Eine Sekunde später ist er auf dem Weg die Treppe hinunter. Ich nutze den Moment und suche meine sieben Sachen zusammen. Ein paar Minuten später begebe ich mich hinunter ins *Kampfgebiet.* Henry liegt inzwischen auf dem Teppich und nagt an einem Kauknochen. Nate hat sich hingegen noch nicht wirklich beruhigt und jagt Selina um den Esszimmertisch. So werden wir diesen Samstag nie Ruhe haben.

„NATE, lass jetzt endlich Selina in Ruhe. Das hält heute ja keiner aus. Wir machen einen Deal.", versuche ich in militärischem Ton zu befehlen. „Ich frühstücke nun etwas, dann ziehen wir unsere Outdoorschuhe an und gehen mit Henry ne große Runde laufen. Was hältst Du davon?"

„Ich will auch mit!", ruft Selina.

„Klar bin ich dabei!", antwortet Nate.

„Schatz, willst Du auch mit?", frage ich Olivia.

Aus der Küche kommt prompt die Antwort: „Danke für die Nachfrage, aber ich habe noch so viel im Haus zu tun, da bleibe ich lieber hier. So lange ihr unterwegs seid kann ich in Ruhe Ordnung schaffen. Übrigens man könnte mir helfen das Frühstück ins Esszimmer zu tragen."

„Ihr beiden setzt euch jetzt hin und verhaltet euch wie vernünftige Kinder. Ich helfe eurer Mutter das Frühstück rein zu tragen.", mit diesen Worten mache ich mich auf den Weg in die Küche.

Während des Frühstücks sind Selina und Nate unruhig. Mein Angebot, eine große Runde mit den Kindern zu laufen scheint seinen Zweck nicht ganz erfüllt zu haben. Die Freude über die bevorstehende Tour lässt beide während des Frühstücks kaum ruhig sitzen. Olivia und ich genießen diese Ruhe dafür umso mehr. Noch bevor ich meinen letzten Schluck Kaffee getrunken habe, stürmen die Beiden in den Flur und ziehen sich die Schuhe an. Henry, der inzwischen auch gemerkt hat, dass etwas vor sich geht, folgt Ihnen und lässt seinen Kauknochen in der Ecke liegen. Ich verabschiede mich von Olivia und gehe in den Technikraum. Im Gegensatz zu den Kindern habe ich meine schmutzigen Schuhe dort verstaut.

Ein typischer Herbsttag. Das Wetter scheint zwar stabil zu sein, aber der Himmel ist bedeckt. Die Temperatur ist noch erträglich, aber ohne leichte Jacke wäre es doch etwas zu kühl. Die Leine um die Schulter gehängt, das Hundespielzeug daran angeheftet mache ich mich auf den Weg. Nate und Selina sind mit Henry schon an der Grundstücksgrenze. Ich bin froh, wenn wir die letzten Häuser passiert haben und die freien Wiesen auf uns warten. Dort muss ich nicht mehr so aufpassen. Hier im Wohngebiet fahren die Autos zwar langsam, aber die drei Energiebündel sind unkontrollierbar. Das Grundstück so nahe am Stadtrand zu haben macht sich in solchen Situationen bezahlt. Wenige Schritte nachdem wir das Haus verlassen haben erreichen wir die Natur. Selina rennt direkt auf die Wiese, Henry folgt ihr mit Abstand. Ich weiß schon, was ihr Plan ist. Dieses Spiel treiben wir immer, wenn wir Henry müde machen wollen. Als sie ungefähr hundert Meter von uns weg ist lässt Selina Henry auf Kommando in die Wiese liegen. Sobald er das Kommando befolgt gibt sie ihm den Befehl zu Nate zu rennen. Im selben Moment ruft Nate Henry zu sich. Wie von einer Wespe gestochen rennt Henry zu Nate rüber. Dort angekommen wird er von Nate gelobt und mit dem Kommando *Platz* wieder in der Wiese abgelegt. Sekunden später gibt er den Befehl zu Selina zu laufen, die Ihrerseits ruft. Henry tut was ihm befohlen wurde und rennt wieder rüber. Heute sollten mit der

Tour eher die Kinder ausgepowert werden und nicht Henry. Bei der Vorstellung, diese Übung mit den Kindern durchzuführen muss ich schmunzeln. Aber nach unserer Tour werden die Beiden sicher ruhiger sein.

Der erste Abschnitt führt uns über freies Feld. Für zirka 20 Minuten können die Drei sich austoben. Die Wiesen sind bereits das letzte Mal gemäht und das Gras wächst schon deutlich langsamer, so dass eine riesige Spielfläche entstanden ist. Henry kommt zu mir und möchte das Spielzeug, welches an der Leine hängt. Es handelt sich um einen Gummiknochen, der in sich ein quietschendes Etwas hat. Sobald man darauf drückt oder der Hund darauf beißt ertönt ein schrilles Geräusch. Henry hat damit offenbar sehr viel Spaß. Ich rufe nach Nate und gebe ihm das Spielzeug. Er rennt, verfolgt von Henry, sofort zu Selina rüber. Als Nate den Knochen zweimal zusammendrückt geht Henry in Lauerstellung und wedelt mit dem Schwanz, als ob er sagen würde *Los, schmeiß das Ding endlich*. So werden aus 20 Minuten ganz schnell 30. Danach nehme ich das Spielzeug wieder an mich. Ich als Rudelführer bestimme schließlich, wann das Spiel vorbei ist. Der nächste Kilometer Wegstrecke führt uns über befestigte Wege. Es handelt sich zwar um Feldwege, aber ab und zu kommen doch Autos daher. Bereits von weitem sehe ich einen anderen Hund und seine Besitzer. Noch bevor einer der Drei dies registriert rufe ich Henry zu mir und lege ihm die Leine an. Als wir näher kommen erkennt Selina den Hund. Henry und er hatten schon öfters gespielt. Auf die Versicherung von Selina, dass es kein

Problem sei, lasse ich Henry wieder von der Leine. So-fort rennt er rüber zu dem anderen Hund und beide verfallen sofort in ein wildes Jagdspiel.

„Hallo. Offenbar kennen sich die Beiden?!?", rufe ich den anderen Besitzern entgegen.

„Ja tun sie. Sie müssen der Mann von Olivia sein?", kommt die Antwort.

„Ja richtig. Treffen Sie meine Frau öfters?", frage ich nach.

„Ab und zu. Da wir beide in Rente sind laufen wir zu unterschiedlichen Zeiten, so treffen wir die ver-schiedensten Leute. Ihre Frau ist gelegentlich auch da-bei. Da die beiden Hunde sich so gut verstehen freut es uns jedes Mal aufs Neue.", antwortet diesmal die Frau. „Und die kleine Selina kennen wir natürlich auch."

„Hey, ich bin nicht klein!", antwortet Selina em-pört.

„Oh entschuldige, ich vergaß", schlichtet die Frau sofort. „Ihrer Frau hatten wir auch schon erzählt, dass wir früher mit unserem Hund die Begleithundeprüfung abgelegt hatten. Da Ihrer schon sehr gut hört, hatten wir Ihrer Frau dies empfohlen. Hat Sie es sich denn über-legt?"

„Nun, ehrlich gesagt hatte Sie mir davon nichts er-zählt. Das muss ich wohl erst fragen, wenn ich zu Hause bin.", entgegne ich verwundert.

„Ich hoffe, wir haben nichts falsches gesagt?", meint Sie.

„Nein nein, wie gesagt, ich bin nur etwas überrascht. Ich wusste bisher noch nichts davon.", entgegne ich.

Die beiden erklären mir bereitwillig, was es mit dieser Prüfung auf sich hat. Es hört sich sehr umfangreich an. Ich hätte die Zeit nicht, eine solche Prüfung vorzubereiten. Hierfür erfordert es noch einmal deutlich mehr Übung mit Henry. Aber den Nutzen erkenne auch ich. Das intensive Üben mit Henry würde den Gehorsam nochmals deutlich steigern können. Das musste ich mit Olivia nochmals in Ruhe besprechen. Wenn Sie es will muss ich die Kinder so lange beschäftigen. In der Zwischenzeit haben die Hunde genug vom Spielen und die Kinder werden unruhig. Diese Tatsache nehme ich zum Anlass und verabschiede mich von dem netten Paar und Ihrem Hund. Wir vier laufen den Weg weiter, während die beiden in die andere Richtung verschwinden.

Der dritte Abschnitt verläuft auf einem Schotterweg. Die Kinder fordern direkt wieder das Spielzeug ein und toben sich mit Henry auf den angrenzenden Wiesen aus. So verläuft der restliche Spaziergang für mich sehr ruhig. Die Kinder und Henry hingegen haben nahezu auf der gesamten Strecke Action.

Rund 90 Minuten später laufen wir wieder auf unser Haus zu. Mission erfolgreich, alle drei laufen ruhig neben mir her. Die Energie scheint verbraucht zu sein. Mit diesem Rudel erreiche ich dann die Garage. Das Tor ist offen, vermutlich arbeitet Olivia schon etwas im Garten und hat daher die Garage geöffnet. So können wir die schmutzigen Schuhe direkt in der Garage ausziehen. Bei Selina müssen wir dasselbe auch mit der Hose machen. Im Eifer des Gefechts hat Sie wohl vergessen, dass sich eigentlich nur Henry in der Wiese wälzt.

Drinnen angekommen organisiere ich eine neue Hose für Selina. Henry läuft geradewegs zum Trinknapf. Nach einer solchen Tour hat er des Öfteren das Verhalten eines Kamels und trinkt einen kompletten Trinknapf auf einmal leer. Die beiden Kinder ziehen sich zurück und spielen ruhig und leise in Ihren Zimmern. Ich öffne die Türe zur Terrasse und biete Olivia den zweiten Kaffee des Tages an. Hierfür muss ich Sie nicht zweimal fragen. Während sie ihre Gartenschuhe ablegt bereite ich den Kaffee zu. Im selben Moment, indem sie das Esszimmer betritt komme ich aus der Küche mit zwei Tassen Kaffee in der Hand.

Genüsslich nehme ich meinen ersten Schluck Kaffee und beginne das Gespräch: „Schatz, sag mal heute haben wir ein älteres Ehepaar getroffen. Die kennen Dich und haben etwas von einer Begleithundeprüfung erzählt. Davon wusste ich überhaupt nichts."

„Ja stimmt. Sie hatten mir einmal vorgeschlagen mit Henry doch diese Prüfung zu absolvieren. Da ich aber nicht sicher bin, ob ich die Zeit dafür aufbringen kann wollte ich noch nichts sagen.", erklärt Olivia.

„Also ich finde diese Prüfung schon sehr interessant. Ich glaube Henry würde es schaffen und der Erziehung von Henry würde es sicherlich gut tun. Aber Du musst natürlich wissen, ob Du die Zeit aufbringen kannst. Ich für meinen Teil werde, was die Trainingshäufigkeit angeht, wieder eher das Schlusslicht sein.", antworte ich.

„Ja, das ist mir schon klar. Aber wenn Du ein klein wenig von der Kinderbetreuung abnimmst, dann kann ich mir etwas mehr Zeit freischaufeln. Machen würde ich es schon gerne, denn auch ich bin überzeugt, dass Henry das sicherlich viel bringen würde.", ergänzt Olivia ihre Ausführungen.

Ich mache eine längere Pause und überlege mir das Thema. Immerhin habe ich viel Stress im Geschäft, aber wenn ich das Ehepaar richtig verstanden habe, sollte man so früh wie möglich beginnen. Wir können eigentlich nicht warten bis ich wieder etwas mehr Zeit habe. Es hängt mal wieder an mir.

„Was bedeutet Kinderbetreuung abnehmen? Wie oft, an welchen Tagen und zu welchen Zeiten? Du weißt, dass ich eigentlich kaum Zeit habe", beginne ich zu fragen.

„Also der Hundeplatz, der mir empfohlen wurde, hat zweimal die Woche Hundetraining. Mittwochabend ab 18 Uhr und Samstag um 10 Uhr. Du müsstest also wirklich verlässlich am Mittwoch gegen 17 Uhr daheim sein, sonst kriegen ich es zeitlich nicht auf die Reihe. Samstag sollte ja generell kein Problem sein.", entgegnet Olivia.

„Also gut, wenn ich es im Voraus weiß kann ich den Mittwoch frei halten. Und wenn doch einmal ein wichtiger Termin ist kriegen wir das doch auch hin, oder?", sichere ich mich nochmals ab.

„Ja klar, so lange es eine Ausnahme bleibt. Also denkst Du ich sollte es machen?", fragt Olivia nochmals nach.

„Wenn es Dir Spaß macht und wir beide denken, dass es uns auch in Bezug auf Henry hilft, dann solltest Du es machen.", antworte ich.

„Ok, dann ist das Thema durch. Dann werde ich mich die Tage mal anmelden. Sollen wir es den Kindern auch sagen?", will Olivia wissen.

„Ach, das können wir noch in Ruhe erzählen. Das eilt jetzt nicht.", gebe ich meine Meinung preis.

„Schön, ich freue mich, dass wir einer Meinung sind und noch mehr freue ich mich auf das Training. Ich glaube, das wird auch mir wieder mal gut tun.", fügt Olivia noch hinzu.

15

Seit gut einer Stunde sind Emilia und ich beschäftigt. Ich will, dass heute alles perfekt ist. Neben Ulli, Eddy und Quintus habe ich Ramona und Emilia ausgewählt, um beim ersten Termin mit Herrn Steinbeck dabei zu sein. Auch Herr Iwersen hat den Termin bestätigt. Alle wissen noch überhaupt nichts von Herrn Steinbeck. Auf ihre Reaktion bin ich schon jetzt gespannt. Ich hoffe nur, sie alle werden meinen unkonventionellen Trainer akzeptieren. In Gedanken stelle ich mir vor, was ich ansonsten mache. Alternativ lege ich allen Halsbänder an, dann würde es wieder zum Trainer passen. Bei dieser Vorstellung muss ich grinsen.

Emilia bereitet die Kaffeemaschine vor. Sie füllt die Milch und die Kaffeebohnen auf. Außerdem stellt Sie an jedem vorgesehenen Platz eine Tasse und ein Glas. Ich hingegen bereite drei Schalen mit Süßigkeiten vor. Ein bisschen Nervennahrung kann nicht schaden. Drei weitere Schalen belege ich mit Äpfeln, die ich eigens für diese Schulung gekauft habe. Die Motivation der Truppe hängt von der Verpflegung ab, das hatte schon mein Oberfeldwebel bei der Bundeswehr zu mir gesagt.

Ein Blick auf die Wanduhr verrät, dass wir noch gut eine viertel Stunde Zeit haben. Allerdings werden sicherlich nicht alle auf die Minute kommen, so dass ich jede Sekunde mit dem ersten Teilnehmer rechnen kann. Vorher verlasse ich nochmals kurz den Raum.

Als ich wieder zurückkehre höre ich bereits Stimmen aus dem Besprechungsraum. Als ich die Tür öffne sehe ich, wie einige Personen vor der Kaffeemaschine stehen. Das war klar, diese Maschine ist immer der erste Anlaufpunkt. Quintus hat sich bereits einen Apfel geschnappt. Ulli etwas Süßes. Auch Herr Steinbeck ist schon hier. Er baut gerade einige Dinge auf. Einen Beamer, das hatte er mir bereits gesagt, braucht er nicht. Er hält mehr von freiem Reden. Vor ihm liegt ein Skript auf dem Tisch. Er scheint vorbereitet zu sein. Ich laufe zu einem freien Platz und greife mir die Tasse, die Emilia dort hingestellt hat. Mit dieser mache ich mich auf den Weg zur Kaffeemaschine. Bevor ich ankomme höre ich, wie sich hinter mir die Türe öffnet. Ramona und Herr Iwersen kommen herein und rufen einen Gruß in die Runde.

Herr Steinbeck stellt sich nun auch zu uns und wir beginnen mit einem lockeren Gespräch. Der neugierige Eddy versucht herauszufinden, was an Herr Steinbeck so unkonventionell ist. Diesen Joker behält er sich aber für später. Was seinen Beruf angeht schweigt er vehement. Mit ein paar Minuten Verspätung beginnen wir unsere Schulung oder das Seminar. Was genau das heute sein sollte, darüber habe ich mir noch gar keine Gedanken gemacht.

„Hallo zusammen. Schön, dass wir uns an der Kaffeemaschine schon kennenlernen konnten.", mit diesen Worten greift Herr Steinbeck in seine mitgebrachte Tasche und holt eine Tüte heraus. „Hier habe ich noch Croissants für alle. Ich dachte als kleiner Eisbrecher ist das sicherlich kein Fehler. Greifen Sie zu. Wie Sie wissen bin ich Herr Steinbeck."

Quintus ist der erste, der nach der Tüte greift. Dies kommentiert Eddy direkt mit der Frage, ob Quintus zu Hause nichts zu essen bekommt. Der erste Lacher der gesamten Runde lässt keine Sekunde auf sich warten.

„Herr Single hat mich eingeladen und gebeten über den Erfolgsfaktor bei der Hundeerziehung zu erzählen", fährt Herr Steinbeck fort.

Als er das sagt zucke ich zusammen und blicke sofort in die Runde. Das hat gesessen. Alle schauen völlig überrascht nach vorne. Wenige Augenblicke später spüre ich die Blicke auf mir. Als würden Sie mir zurufen wollen *was soll denn der Quatsch* blicken Sie mich an. Noch während ich überlege, ob ich nun was zu meiner Verteidigung sagen sollte oder nicht übernimmt Herr Steinbeck wieder das Wort: „Nein, keine Angst, das war nicht das Hauptthema. Aber dieses Thema hat schon etwas mit mir und meinem Beruf zu tun, ich bin Hundetrainer. Sie hören richtig. Ich werde von Hundebesitzern engagiert, wenn sie mit dem Vierbeiner Probleme haben. So habe ich auch Herrn Single kennengelernt. In vielen Gesprächen hat sich herausgestellt, dass meine Erkenntnisse über Hunde und Hundehalter mit seinem Change-Management-Seminar sehr viel gemeinsam haben. Daher haben wir uns entschlossen, Ihnen dieses Wissen weiterzugeben. Eventuell muss Herr Single mir nachher noch etwas assistieren oder besser gesagt meine Ausführungen etwas ergänzen, aber ich denke das bekommen wir hin.

Eines vorneweg, ich therapiere in den seltensten Fällen nur die Hunde. Im Prinzip sind meine Projekte

Change-Management-Projekte. Denn ich analysiere eine Situation, ich erkenne das Problem und gebe dann den Hundebesitzern Hinweise, wie diese Ihr Verhalten ändern müssen. In der Regel sind es nämlich die Hundebesitzer, die Hilfe benötigen. Also verändere ich Verhalten und wenn ich Herrn Single richtig verstanden habe, dann benötigen Sie im Unternehmen ebenfalls dringend eine Verhaltensänderung, richtig?"

„Nun ich bin mir nicht sicher, müssen wir am Verhalten etwas verändern?", ergänzt Quintus und fragt in die Runde.

„Sicherlich wäre dies kein Fehler.", antwortet Ulli. „Immerhin sind wir mit der Situation nicht zufrieden. Herr Taraschow hatte es ja erwähnt, unsere Projekte waren eigentlich nicht erfolgreich."

„Naja, aber dann müssen wir doch die Projekte anders einführen oder andere kontrollieren oder was weiß ich.", kontert Quintus erneut.

„Darf ich eine Gegenfrage stellen?", mischt sich Herr Steinbeck in das Gespräch.

„Natürlich.", antwortet Quintus.

„Wer führt denn Projekte ein?", fragt Herr Steinbeck.

„Na das Management", antwortet Quintus.

„Ok, also Menschen. Und wer setzt die eingeführten Projekte dann um?", fragt Herr Steinbeck weiter.

„Die Mitarbeiter natürlich, aber nicht alle.", erneut Quintus.

„Und die Mitarbeiter sind?", Herr Steinbeck wieder.

„Ja, … Menschen!“, antwortet Quintus etwas genervt.

„Könnte es dann sein, dass für den Erfolg eines Projekts das Verhalten von Menschen der Schlüssel ist?“, gibt Herr Steinbeck nicht auf.

„Mensch Quintus, nun sieh es doch endlich ein“, meldet sich Eddy genervt.

„Ok ok. Es sind die Menschen.“, gibt Quintus nun zu.

„Sehen Sie, nun haben wir die erste wichtige Lektion in kaum zehn Minuten durch.“, erklärt Herr Steinbeck. „Das müssen Sie verstanden haben. Ein Projekt kann nur Erfolg haben, wenn das Management den Weg unmissverständlich vorgibt. Das ist wie bei der Bundeswehr. Kurz und knapp 100 Meter, diese Richtung“, bei diesem Ausspruch zeigt Herr Steinbeck mit dem gerade gestreckten Arm in Richtung der Zimmertüre. „Nur wenn alle wissen wohin es geht und nur wenn allen klar ist, dass der Chef diese Richtung will, koste es was es wolle, werden sich die Mitarbeiter bewegen. Aber ein Projekt kann auch nur Erfolg haben, wenn die Mitarbeiter mitziehen. Das ist nun leider nicht so einfach wie beim Bund. Mit Druck und Befehlen geht in der freien Wirtschaft nichts.“

Eddy schaut zu mir rüber und ergänzt: „Das hast Du ja schon gesagt, Konstantin. Wir sind Bittsteller.“

Auch Herr Steinbeck blickt zu mir: „Genau. Sie als Führungskräfte müssen den Mitarbeitern erklären, welche Vorteile die Veränderung dem Unternehmen und ihnen bietet. Ohne dies sieht der Mitarbeiter keinen

Grund etwas zu ändern. Nein schlimmer, ohne Vorteil sieht er die Gefahr! Wissen Sie warum viele Leute nicht kündigen, obwohl sie unzufrieden sind? Es ist nicht die Angst vor dem Neuen, es ist die Angst das Alte nicht mehr zu haben. Wenn der Mitarbeiter also keinen Nutzen vom Neuen hat, warum sollte er dann das Alte aufgeben?

Sie verstehen? Wenn ich mit Hundebesitzern trainiere, dann mache ich einen Future Pace. Das bedeutet, ich wandere gedanklich mit den Besitzern in die gute Zukunft. In der der Hund die Befehle befolgt, ruhiger und ausgeglichener ist und in der alle mehr Spaß miteinander haben. Wenn ALLE Familienmitglieder dort angekommen sind, dann haben wir ein gemeinsames Ziel, einen gemeinsamen Nutzen. Dann werden die Hundebesitzer üben und mit dem Üben kommt der Erfolg. Wenn der Erfolg nicht sofort einsetzt, haben die Hundebesitzer die tolle Zukunft, an der Sie festhalten können. Das ist es was die Hundebesitzer auch in schlechten Zeiten motiviert. Übrigens sehe ich hierin auch den Grund für viele Scheidungen. Wenn keine gemeinsame, bessere Zukunft in Sicht ist, verliert man die Motivation des gemeinsamen Weges. Auch wenn dieser ab und zu steinig ist, so ist es doch der gemeinsame Weg. So, bis hierhin haben wir schon so einiges miteinander gelernt. Die Menschen machen den Unterschied zwischen Erfolg und Niederlage. Wir müssen den Menschen einen Nutzen der Veränderung aufzeigen UND wir müssen selbst voller Überzeugung vorne stehen. Ich denke an diesem Punkt sollten wir eine kleine Pause machen."

Herr Steinbeck kommt nach hinten zu den Sitzplätzen, greift sich ein Croissant und macht sich mit einer Tasse auf den Weg zur Kaffeemaschine. Am Tisch wird es innerhalb weniger Sekunden laut. Alle unterhalten sich angeregt. Das Öffnen der Keksverpackungen und das Mahlen der Kaffeemaschinen lassen den Lautstärkepegel ebenfalls ansteigen. Herr Iwersen und Quintus sind sofort in ein Gespräch vertieft. Die beiden waren für die erfolglose Qualitätsoffensive verantwortlich und diskutierten nun die gewonnenen Erkenntnisse. Einiges an Ihrem Projekt hätte besser laufen können. Mit seinem Kaffee und dem Croissant kommt Herr Steinbeck auf mich zu. Für den nächsten Block soll ich nach vorne gehen und meine Erfahrungen aus dem Workshop mit den anderen teilen. Meinen Hinweis, dass ich dies zumindest mit Quintus, Eddy und Ulli bereits getan hatte nimmt er zwar zur Kenntnis, lässt sich aber trotzdem nicht davon abbringen. Also fülle ich mein Glas nochmals mit Mineralwasser auf und beteilige mich nicht weiter an den Tischgesprächen. Diese Zeit nutze ich lieber, um gedanklich nochmals alle Themen des Workshops im Kopf durchzugehen.

„So, für den zweiten Block des heutigen Tages habe ich Herrn Single gebeten von seinem Workshop zu erzählen.", läutet Herr Steinbeck den zweiten Block ein.

„Ok. Den meisten von euch habe ich ja schon davon erzählt. Aber ich werde dies natürlich gerne nochmals wiederholen und dabei versuchen meinen Inhalt mit dem von Herrn Steinbeck abzugleichen beziehungsweise zu verbinden.", beginne ich meinen Vortrag. „Herr Steinbeck hatte ja schon vorgetragen, dass wir den Mitarbeitern einen Vorteil aufzeigen müssen. Das hat viele Gründe. Einer davon ist, dass wir auf unseren bisher gemachten Erfahrungen basierend unsere Entscheidungen treffen und zwar wir alle. Diese Erfahrungen sind als sogenannte Glaubenssätze gespeichert. Ein Beispiel kann sein, *ich schaffe das eh nicht* oder *ich bin zu blöd dafür* oder *wenn wir das machen werden wir Bankrott gehen* oder oder oder. Hinzu kommt die Komfortzone. Jeder von uns hat eine Komfortzone, das sind die Tätigkeiten und Situationen, in denen wir uns wohl fühlen. Wir alle verlassen diese Komfortzone nur sehr ungern."

„Lassen Sie mich dies kurz ergänzen.", meldet sich Herr Steinbeck. „Ich möchte Glaubenssätze und Komfortzone versuchen bildlich in Verbindung zu bringen. Stellen Sie sich vor die Komfortzone ist Ihr zu Hause, also Ihr Grundstück. Dann könnten die Glaubenssätze der Zaun sein. Immer, wenn Sie sich an die Grenze Ihrer Komfortzone begeben hält Sie ein Glaubenssatz davon ab raus zu gehen."

Bei diesem Ausspruch sehe ich bei Eddy ein leichtes Kopfnicken. Kaum sichtbar, aber definitiv ein Kopfnicken.

„Das ist eine schöne Umschreibung, ja so kann man das wohl sehen.", klinke ich mich wieder ein. „Das dumme an diesen Glaubenssätzen ist, jeder hat sie und jeder kann seine eigenen Glaubenssätze nur selbst verändern. Wenn also ein solcher Glaubenssatz einen Mitarbeiter blockiert, dann können wir ihm nur helfen den Glaubenssatz selbst zu verändern. Von außen können wir diesen nicht angehen. Das ist auch die Erklärung, warum es mit Druck von oben nicht sehr erfolgversprechend wäre ein solches Projekt durchzuführen. Klingt im ersten Moment zwar sehr einfach, aber das bedeutet für uns alle, dass wir vielleicht auch Blockaden haben. Vielleicht waren die vergangenen Projekte auch deshalb kein Erfolg, weil bei euch eine Blockade die Einstellung zum Projekt unterbewusst negativ beeinflusst hat. Da fällt mir gerade etwas Gutes ein. Emilia würdest Du bitte einige Zettel aus dem Drucker holen und einige Stifte? Danke!"

Emilia verlässt das Besprechungszimmer und ist wenige Augenblicke später wieder zurück.

„Was nun?", will sie wissen.

„Reicht doch bitte die Zettel mal in die Runde. Jeder nimmt sich einen Stift und ein Blatt. Dann denkt ihr bitte mal über die Projekte nach, bei denen ihr schon dabei gewesen seid. Konzentriert euch auf euer Verhalten. Versucht das aus einer Metaposition anzuschauen. Also als ob ihr, wie ein Vogel, über euch selbst schwebt. Auch ich werde diesen Versuch mitmachen. Ich war zwar hier bei keinem dieser Projekte dabei, aber ich versuche mir vorzustellen, wie ich mich verhalten hätte.", beschreibe ich das Vorgehen.

Die nächsten 20 Minuten sind alle in sich gekehrt und überlegen angestrengt. Während Eddy gut fünf Glaubenssätze notiert hat, fällt es Quintus und auch

Ramona recht schwer. Auch ich versuche mit gutem Beispiel voran zu gehen und habe mir drei notiert. Als erstes steht auf meinem Zettel *Ich fange viele Sachen an, schließe aber wenige ab*. Als weiterer Satz *Nimm lieber den Spatz in der Hand als die Taube auf dem Dach*. Als letzten Satz habe ich *Schuster bleib bei deinen Leisten* aufgeschrieben. Als ich fertig bin stehe ich auf und stelle mich wieder vor den Besprechungstisch.

„So, bitte faltet diese Zettel zusammen. Ob etwas darauf steht oder nicht. Ihr müsst in dieser Runde die Hosen nicht runter lassen. Nehmt diesen Zettel für euch und macht euch Gedanken über eure Glaubenssätze. Diese könnt ohnehin nur Ihr selbst ändern. Damit Ihr aber eine kleine Vorstellung davon habt, was Glaubenssätze sein könnten, werde ich euch meine Vorlesen.

Ich fange viele Sachen an, schließe aber wenige ab. Wenn ich diesen Glauben habe und diesen hatte ich bis vor kurzem noch, dann traue ich mir nicht zu, ein solches Projekt erfolgreich bis zum Ende zu bringen.

Nimm lieber den Spatz auf der Hand als die Taube auf dem Dach. Den Spruch kennt wohl jeder hier im Raum. Als ich darüber nachgedacht habe ist mir aufgefallen, dass dieser Glaubenssatz mich darin behindert meine Komfortzone zu verlassen.

Schuster bleib bei deinen Leisten. Auch dieser Satz hindert mich daran, meine Komfortzone zu verlassen. Was soll ich sagen, beim Workshop habe ich das gemerkt. Bereits beim Auswählen einer anderen Kaffeesorte hatte ich ein komisches Gefühl, könnt ihr euch das vorstellen? Euer Gehirn ist gewohnt innerhalb der Komfortzone zu sein, dort fühlt es sich wohl. Sobald wir uns außerhalb bewegen ist das Gehirn in Alarmbereitschaft. Das ist anstrengend und deshalb sind wir froh, wenn wir wieder in der Komfortzone sind. Aber genau das macht es so schwer in einer ganzen Firma tiefgreifende Änderungen einzuführen. Wir müssen also zuerst uns und dann die Mitarbeiter dazu bringen offener zu sein. Den Zaun um unsere Komfortzone einzureißen und ab und zu freiwillig die Komfortzone zu verlassen.

Vielleicht fangen wir damit an, dass wir in Besprechungen nie denselben Platz wählen. Auch das war eine Regel im Workshop. Es ist verrückt, aber bereits das reicht aus.", führe ich aus. „Wenn wir das hinbekommen, dann sind alle offen für die Veränderung. Das heißt aber noch lange nicht, dass diese dann erfolgreich sein wird. Bei der Einführung gibt es sechs Widerstandsebenen. Dies hatte ich ja in der letzten Besprechung bereits erwähnt. Die Ebenen ganz kurz erklärt:

Die erste Ebene ist *Einigkeit über das Problem*. Das soll heißen, alle Teilnehmer eines Veränderungsprojekts müssen sich einig sein, welches Problem man eigentlich hat. Also erste Ebene *Einigkeit über das Problem*.

Zweite Ebene ist dann die *Einigkeit über die Lösung*. Jetzt ist auch klar, was es mit der ersten Ebene auf sich hat. Wenn jeder ein anderes Problem sieht, wird jeder eine andere Lösung haben oder benötigen. Aber selbst wenn alle dasselbe Problem identifiziert haben kann es verschiedene Lösungen geben. Erfolgreich wird ein Projekt aber nur sein, wenn jeder dieselbe Lösung verfolgt.

Damit kommen wir zur dritten Ebene, *Einigkeit über die Nachhaltigkeit dieser Lösung*. Alle müssen davon überzeugt sein, dass eine Lösung nachhaltig ist. Das könnte im Falle unseres Unternehmens der Knackpunkt gewesen sein. Denn nachhaltig waren alle Projekte nicht, aber eine gute Lösung stellte jedes von Ihnen dar.

Diese drei Ebenen sind eher in der oberen Managementetage zu finden. In dieser Ebene macht man sich Gedanken über die Probleme des Unternehmens, über die Lösung und über deren Nachhaltigkeit. Die folgenden zwei Ebenen sind dann vielleicht eher in den Hierarchieebenen weiter unten zu finden.

Die vierte Ebene ist nämlich die *Angst vor negativen Einflüssen*. Das könnte zum Beispiel sein, dass es mir in meinem jetzigen Aufgabenbereich sehr gut gefällt und durch die Einführung der Veränderung würde sich auch mein Aufgabengebiet verschieben, was ich als negativ empfinden würde."

„Naja, aber das ist ja dann wieder die Komfortzone", wirft Ulli hastig ein.

„Ja, Du hast Recht, das spielt da mit rein.", antworte ich. „Also die vierte Ebene, die *Angst vor negativen Einflüssen* steht dafür die Komfortzone zu verlassen oder besser, die Komfortzone zu verschieben. Es geht schließlich nicht darum, die Komfortzone zu verlassen, sondern sich im neuen Aufgabengebiet auch wohl zu fühlen. Also die Komfortzone auszuweiten.

Danach kommt die fünfte Ebene, die Angst vor Implementierungshindernissen. Hindernisse könnten wieder Glaubenssätze wie *das schaffen wir doch eh nicht* sein.

Vielleicht auch *mit den Mitarbeitern ist das undenkbar*. Es liegt also wieder an uns allen.

Die sechste Ebene ist wiederum in allen Unternehmensebenen zu finden und sie ist gleichzeitig die schwierigste Ebene. Dies ist die *unerklärbare Angst*. Also ganz einfach die Angst die übrigbleibt, wenn eigentlich alles klar ist. Leonhard, unser Workshopleiter, nannte diese Ebene die Guerilla-Angst. Denn diese Angst ist eigentlich nicht sichtbar, sie gibt demjenigen eben immer nur ein schlechtes Bauchgefühl und das ist ein sehr kritisches Thema. Wenn ich mir meiner Angst nicht bewusst bin, kann ich nichts dagegen tun."

Nachdem ich mit meiner Ausführung fertig bin startet eine rege Diskussionsrunde. Die Ebenen scheinen ein sehr interessantes Thema zu sein. So vergeht noch eine ganze Zeit. Emilia sieht inzwischen im Minutentakt auf die Uhr. Dann steht Sie plötzlich auf und verlässt den Raum. Ins weitere Gespräch vertieft bemerke ich nicht, wie lange Emilia weg ist. Jedenfalls kommt Sie mit einem Tablett voll mit belegten Brötchen wieder zurück ins Besprechungszimmer. Es ist inzwischen 12.30 Uhr. Als sie das Zimmer betritt ist mir klar, warum Sie raus gegangen war. Sofort stehe ich auf und laufe zum Schrank mit den Tellern. Ich greife mir einen Stapel heraus und eine Packung Servietten dazu. Emilia entfernt gleich die Frischhaltefolie. Während sich alle belegte Brötchen greifen geht die Unterhaltung über die Widerstandsebenen und die Glaubenssätze weiter. Quintus läuft zu seinem gefalteten Zettel und notiert sich einen Glaubenssatz. Offenbar musste das Thema bei manchen Personen erst noch einwirken. Für die Mittagspause ist eigentlich eine Stunde geplant. Da wir aber ohnehin neben dem Essen ständig im Thema bleiben, entschließen wir uns bereits 30 Minuten später weiterzumachen.

Ich übernehme wieder das Wort: „Ich hoffe Ihr seid alle satt geworden. Wenn wir noch etwas Süßes brauchen oder etwas anderes fehlt bitte melden. Emilia wird sich gerne darum kümmern. Soweit ich an unserer Diskussion in der Mittagspause erkennen konnte ist das Thema sehr spannend und alle konnten etwas für sich mitnehmen. Das ist schön. Kommen wir nun zum letzten Punkt, den ich beim Workshop kennengelernt habe. Leonhard, der Leiter des Workshops, hat es mit Fokus umschrieben. Also die Konzentration auf ein Thema. In den letzten Tagen ist mir dazu ein alter Film aus meiner Kindheit eingefallen. Dort erklärt der Meister seinem Karateschüler, dass er das Training entweder voll oder gar nicht machen sollte mit einem Vergleich. Er sagt nämlich, wenn Du entlang der Straße läufst, dann ist es ratsam rechts oder links von der Straße zu laufen. Wenn Du in der Mitte läufst wirst Du früher oder später zerquetscht.

Wenn wir also das nächste Veränderungsprojekt beginnen, dann müssen wir uns darauf fokussieren. Mit allem, was wir haben. Manche Spezialisten sagen auch, das sei der Grund warum das Kopieren von Lean aus Japan in die westlichen Länder nicht funktioniert hat. Es wurde nur halbherzig eingeführt. Nur die Tools reichen aber nicht.

Auch ich musste mich bei diesem Punkt selbstkritisch hinterfragen, aber er hatte Recht. Ich dachte immer bei mir wäre das nicht so. Wenn ich Projekte initiiert habe gab es Schulungen. Alle wurden darauf vorbereitet. Es gab Arbeitsanweisungen und klare Richtlinien. Bei manchen Projekten wurden dann noch teure Berater dazu geholt und Hochglanzbroschüren für die Mitarbeiter gedruckt.

ABER, was ich dabei nicht beachtet hatte. Ein Teil der Mitarbeiter wurde nicht am richtigen Platz, also der richtigen Widerstandsebene, abgeholt. Einem weiteren Teil wurde schlicht der Vorteil der Veränderung nicht klar kommuniziert. Dann gab es noch den Teil der Mitarbeiter, die alles mitgemacht haben und wenige Monate später wieder in die eigene Komfortzone zurück gefallen sind. Und mein Team und ich haben schlichtweg nach der Einführung den Fokus auf das Projekt verloren. Wir hatten schon wieder andere Dinge im Kopf. Nun war ich bei den Projekten in unserer Firma noch nicht dabei, ich spreche von anderen Unternehmen. Aber könnte es sein, dass es hier genauso war?"

„Kann ich so jetzt weder zustimmen noch widersprechen.", antwortet Eddy prompt.

Gefolgt von Ulli: „Nun zumindest bei bestimmten Punkten hat Konstantin recht. Da wir die Widerstandsebenen bis heute nicht kannten, konnten wir diese ja auch nicht berücksichtigen."

„Mich würde nun mehr die Zukunft interessieren.", wirft Herr Iwersen ein.

„Vielleicht kann ich da ein bisschen Hilfestellung leisten. Schließlich bin ich heute als Berater hier.", übernimmt Herr Steinbeck das Wort. „Ich danke Ihnen Herr Single, das war auch für mich ein sehr interessanter Beitrag zum heutigen Tag. Wir diskutieren über die Probleme bei der Einführung von Verbesserungsprojekten. Hier versuchen wir aktuell die Widerstandsebenen bei solchen Problemen zu identifizieren und beim Namen zu nennen, was sicherlich auch richtig ist. In diesem Fall wäre das Problem vielleicht so etwas wie *Steigerung der Produktivität*, *Optimierung der Kosten* oder *Verbesserung der Wettbewerbsfähigkeit*. Aber lassen sich mich gemeinsam mit Ihnen einmal gedanklich eine Ebene weiter nach oben wandern. Definieren wir das Problem doch einmal als *die Einführung von Verbesserungsmaßnahmen ist nicht erfolgreich*. Dieses Problem müssten wir doch auf dieselben logischen Ebenen herunterbrechen können. Wenn wir für dieses Problem dann eine Lösung haben und diese fokussiert verfolgen, dann werden wir die andere Problemstellung ebenfalls lösen können. Das können wir als Übung für den heutigen Nachmittag doch ideal machen. Ich bin daher der neutrale Moderator."

„Das ist ein guter Vorschlag.", muss ich zugeben. „Dann machen wir jetzt vielleicht nochmals eine kurze Pause, füllen unsere Gläser und Tassen und dann geht's an die Arbeit."

Während der folgenden drei Stunden entwerfen wir gemeinsam eine Struktur, die ich am Flipchart aufzeichne. Das ganze Schema sieht sehr vielversprechend aus.

Zumindest in der kompletten Führungsebene vom Inhaber über mich bis hin zu den wichtigsten Führungskräften haben wir alle Ebenen durchgespielt und sind uns einig. Das Problem haben wir genauso wie von Herrn Steinbeck vorgeschlagen mit *Einführung von Verbesserungsmaßnahmen ist nicht erfolgreich* benannt.

Bei der Lösung können wir uns nicht auf einen Weg einigen und zeichnen daher drei Zweige auf. Jeder für sich muss erfüllt werden, aber alle sind notwendig, um erfolgreicher zu werden. Diese drei Zweige haben wir mit *Management muss das Wollen vorleben*, außerdem *Widerstandsebenen der Mitarbeiter müssen berücksichtigt werden* sowie *Fokussierung muss sichergestellt werden* umschrieben.

Den ersten Zweig, also *das Management muss das Wollen vorleben*, haben wir in der Ebene Nachhaltigkeit mit *stetiger Abgleich in Managementbesprechungen* weitergeführt. Für die vierte Ebene, Angst vor negativen Effekten, können wir in diesem Zweig nichts finden. Hinsichtlich der fünften Ebene sind wir uns wieder einig und notierten *Wir müssen bereit sein unsere Komfortzone zu erweitern*. Da die sechste Ebene unerklärbar ist entschließen wir uns, nach längerer Diskussion, hier in keinem der Zweige etwas aufzuschreiben.

Der zweite *Zweig, Widerstandsebenen der Mitarbeiter müssen berücksichtigt werden*, wird noch ergänzt mit *Mitarbeiter müssen den Nutzen verstehen*. Bei Nachhaltigkeit macht Ulli den Vorschlag die *Abteilungsleiter für die Widerstandsebenen zu schulen*, Ramona sieht auch eine *Anlaufstelle für zweifelnde Mitarbeiter* als hilfreich an. In der Ebene der negativen Effekte müssen wir zunächst *Veränderungen von Aufgabenverteilungen analysieren* und *Nutzen für die Mitarbeiter hervorheben* aufnehmen. Während bei Implementierungshindernissen wiederum die *Widerstandsebenen der Mitarbeiter erkennen* steht.

Im dritten Zweig, *Fokussierung muss sichergestellt werden*, sieht wieder Ulli die Nachhaltigkeit am besten gesichert, wenn alle *Mitarbeiter regelmäßig geschult werden*. In der vierten Ebene hat Quintus die Befürchtung, dass die Mitarbeiter Ihre Komfortzone nicht verlassen wollen. Als Lösung schlägt er die *heutige Schulung für alle Mitarbeiter* vor. Dieses Problem und dessen Lösung stehen stellvertretend auch für die fünfte Ebene, so dass wir dieses Kästchen nochmals in der nächsten Ebene eintragen.

Mit dem Ergebnis sind alle zufrieden. Die Ausarbeitung einer detaillierten offene-Punkte-Liste dauert eine weitere Stunde. Aber gegen 17 Uhr beende ich die Schulung. Ich bedanke mich bei allen Teilnehmern, jeder hat super mitgemacht. Wir haben nun endlich ein Ziel und vor allem einen Weg.

Den nächsten Workshop wollen wir bereits in einer Woche machen. Alle Teilnehmer signalisieren sofort Begeisterung. Endlich bewegt sich etwas.

Problem	Einführung von Verbesserungsmaßnahmen ist nicht erfolgreich		
Lösung	Management muss Wollen vorleben	Widerstandsebenen MA berücksichtigen — MA muss Nutzen klar sein	Fokussierung beibehalten
Nachhaltigkeit	Ständige Abstimmung in Besprechungen	Führungskräfte schulen über Widerstandseb. — Anlaufstelle schaffen	ALLE Mitarbeiter stetig schulen
Negative Effekte	Keine	Veränderung der Aufgaben analysieren — Nutzen klar kommunizieren	Mitarbeiter müssen Veränderung verstehen
Implementierungshindernisse	Bereitschaft Komfortzone zu verlassen	Widerstandsebenen MA erkennen	Mitarbeiter müssen Komfortzone verlassen
Unerklärbare Angst	Unerklärbare Angst im Bewusstsein behalten und offen kommunizieren		

Abbildung 2: Zusammenfassung des Workshops

16

Ich bin total gespannt. Heute ist das zweite Training von Henry und Olivia. Da die Kinder dieses Wochenende bei den Großeltern sind, hat Olivia vorgeschlagen, dass ich mir die Hundeschule doch mal anschauen soll. Also sind wir nun auf dem Weg zum Trainingsplatz. Das Wetter ist heute zwar alles andere als gut, aber mit der richtigen Kleidung kann man die 90 Minuten Training sicherlich aushalten.

Auf den Straßen liegt schon Laub von den Bäumen. Die Serpentinenstraße schlängelt sich einen Berg hoch. Oben angekommen sehe ich links eine Einfahrt zu einem Wanderparkplatz. Das wäre sicherlich auch eine schöne Gegend, um mit Henry und der Familie spazieren zu gehen. Auf selber Höhe rechts von der Straße liegt eine Gaststätte. Allerdings sieht diese nicht sehr einladend aus. Ungefähr einen Kilometer weiter vorne ist eine weitere Einfahrt zu sehen. Von weitem sehe ich, wie dort gerade ein Auto abbiegt. Olivia nimmt das Gas zurück. Dies lässt mich vermuten, dass auch wir diese Einfahrt nehmen werden. Sekunden später setzt Olivia den Blinker. Das viel zu kleine alte Schild mit der Aufschrift *Hundeplatz* sehe ich erst, als wir kurz vor der Einfahrt sind. Die Straße bis zum Hundeplatz ist sehr schlecht. Es scheint ein Privatweg zu sein und die Instandhaltung kann man sich wohl nicht leisten. Geschätzte 1,5km von der Hauptstraße entfernt, erkenne ich einen großen umzäunten Platz. Ein Spielplatz für Hunde mit einem Tunnel, einer Wippe und weiteren

Geräten für Hundesport. Olivia erklärt mir sofort, es handle sich um einen Agility Platz und keinen Spielplatz. Links neben diesem Platz sind mehrere Bäume und dichte Hecken zu sehen. Erst als Olivia sich einen Parkplatz sucht und auf Höhe der Hecken ist, entdecke ich, dass hinter diesen Hecken ein Gebäude steht. Das muss wohl das Vereinsheim sein. Henry, der im Kofferraum angegurtet ist, wird bereits unruhig. Er scheint das Gelände schon zu kennen und seiner Reaktion nach zu urteilen ist die Erinnerung positiv.

Als wir aussteigen begrüßt Olivia die anderen Teilnehmer und stellt mich vor. Ich fühle mich, wie in einer anderen Welt. Das sind die Hundeversteher, ein eingeschworener Haufen. Aber ich werde direkt freundlich aufgenommen. Auf die nächsten 90 Minuten bin ich sehr gespannt.

Zu Beginn werden die Hunde im Areal von der Leine gelassen. Sie dürfen sich begrüßen und miteinander spielen, was ihnen etwas Gelegenheit gibt, die überschüssige Energie vor dem Training abzubauen. Dann ruft der Hundetrainer die Hundeführer zu sich und erklärt den heutigen Tag. Zuerst wird die Führigkeit, wie er es nennt, geübt. Der Hund soll also an der Seite des Besitzers bleiben und selbst um Hindernisse herum nicht abweichen. Als zweites für heute steht die Folgsamkeit auf dem Programm. Dies bedeutet, wenn ich der Erklärung folgen kann, dass der Hund selbst auf 50m Entfernung auf die Kommandos des Besitzers reagieren soll und auf diese Entfernung gestoppt werden kann. Im ersten Moment denke ich nicht, dass man so etwas je benötigen wird. Nach kurzem Überlegen ist mir aber klar, dass dies überlebenswichtig sein kann. Nämlich dann, wenn der Hund in Entfernung unterwegs ist und ein Auto schnell heran gefahren kommt. In dem Moment ist es sicherlich von Vorteil, wenn man den Hund stoppen und vielleicht von der Straße rufen kann. In unserem Wohngebiet ist der Stadtrand zum Glück schnell erreicht und die Hunde laufen in der Regel immer frei.

Als das Training startet begebe ich mich an den Rand des Platzes. Ich wäre nur unnötige Ablenkung. Später, wenn Henry ausgebildet ist, darf ich kein Störfaktor mehr sein. Jetzt muss er das ganze erst einmal lernen. Neben mir steht eine jüngere Frau. Auch Sie scheint die Begleitung eines Teilnehmers zu sein. Während der Übung kommen wir ins Gespräch. Die Themen sind zwar interessant, aber eher belanglos. Ab und zu fällt mein Blick auf die Trainingsfläche. Energie und Unruhe von Henry scheinen Olivia ganz schön auf Trab zu halten. Den ersten Teil, die Führigkeit, bewältigen die beiden schon sehr gut. Die Folgsamkeit, vor allem, über die Entfernung hinweg machen andere Hunde jedoch deutlich besser. Am Platzrand muss ich lachen. Henry bleibt liegen und sobald sich Olivia mehr als 20m von Ihm entfernt, robbt er langsam in Ihre Richtung. Wenn Olivia sich umdreht und sich lautstark bei ihm beschwert schaut er, als wolle er sagen *was denn, ich liege doch noch*. Von meinem lachen angesteckt versucht die junge Frau auch zu sehen, was mich so belustigt und so zeige ich in Richtung meines Hundes. Als sie den robbenden Henry entdeckt muss auch sie lachen. So vergehen die 90 Minuten wie im Flug. Nach der Abschlussübung werden nochmals alle, auch wir, in der Mitte des Areals zur Manöverkritik zusammengerufen. Gemeinsam laufen wir zum Treffpunkt.

Der Trainer ist mit der Gruppe sehr zufrieden. Auch Henry bekommt ein Lob ab. Das robben scheint für Hunde durchaus normal zu sein. Er sieht in jedem Fall bei Henry das Potential diese Prüfung bestehen zu können. Für die folgenden Tage gibt er noch einige Hausaufgaben auf. Hunde lernen durch Wiederholung. Er erklärt, dass jedes Gehirn Entscheidungen auf Basis von Vergleichen trifft. Der Hund vergleicht die Situation mit früheren, das ist auch der Grund, warum man ein Verhalten antrainieren kann. Machte er, in der früheren Situation, was man wollte gab es Belohnung. Machte er dies nicht gab es Tadel. So vergleicht der Hund mit der Vergangenheit und entscheidet sich nach genügend Wiederholungen dafür, das Richtige zu tun. Ein weiterer interessanter Aspekt. Ich frage direkt, ob das auch für Menschen gilt. Einige Teilnehmer schauen mich komisch an. Aber der Trainer bejaht diese Frage. So lernen beispielsweise auch Kinder was richtig und falsch ist. Er gibt aber zu bedenken, dass ein falsches Verhalten genauso antrainiert werden kann und erinnert an das dritte Reich.

Gefüttert mit dieser Information fahre ich nach Hause. Olivia macht es sich zwischenzeitlich auf dem Beifahrersitze bequem und Henry liegt völlig fertig im Kofferraum.

17

Die letzten zwei Wochen vergingen wie im Flug. Wir hatten beinahe täglich Besprechungen und haben uns gegenseitig motiviert unsere Komfortzone zu verlassen. Diese Intensität, mit der wir diesmal an das Problem herangehen, scheint zu wirken. Heute soll der dritte Termin mit Herrn Steinbeck sein. Wir fühlen uns bereit das richtige Thema anzugehen. Um zehn treffen wir uns im gewohnten Besprechungszimmer. Emilia ist inzwischen Stammbesetzung bei diesen Treffen. Ich merke, wie es mich unterstützt, dass meine Sekretärin diese Herangehensweise versteht.

Seit halb zehn bereiten Emilia und ich das Besprechungszimmer vor. Ramona, die ebenfalls gut 10 Minuten früher kam, hilft eifrig mit. Pünktlich um Zehn treffen die Anderen nahezu geschlossen ein. Alle setzen sich irgendwo an den Besprechungstisch. Zumindest bei uns sind die kleinen Veränderungen bereits angekommen. Es gibt eigentlich keine Besprechung mehr, in der wir am selben Platz sitzen, wie in der Besprechung zuvor. Auch meine Marotte bei jeder Sitzung einen anderen Kaffee zu trinken wurde bereits von den Anderen übernommen. Ehrlich gesagt macht das sogar Spaß. Keiner ist mehr berechenbar. Es ist spannend zu sehen, wer heute wo sitzt und wer heute was trinkt. Nicht Eingeweihte denken vermutlich, wir seien völlig verrückt geworden.

„Hallo zusammen.", beginnt Herr Steinbeck wieder. „Nachdem wir bei den letzten Treffen an Ihrer grundsätzlichen Einstellung gearbeitet haben und Sie nun alle selbst überzeugt sind bereit zu sein, wollen wir mal die wirklichen Probleme des Unternehmens angehen. Welches Problem haben wir denn konkret im Unternehmen?"

„Nun, für die Herren Iwersen ist die Rendite nicht gut genug. Ich denke das ist das zentrale Problem!", stelle ich einfach mal in den Raum.

„Das ist schon richtig, aber es geht uns ja weniger um die Rendite, als mehr um die Zukunftsfähigkeit des Unternehmens. Das Unternehmen steht für die Zukunft besser da, wenn die Rendite besser ist.", erklärt sich Herr Iwersen.

„Aber ist das denn das zentrale Problem?", will Herr Steinbeck erneut wissen. „Ist es ein Problem mehr Rendite zu wollen?"

„Nein, das ist doch nicht das Problem. Das Problem ist, dass wir die gute Rendite nicht haben und das liegt an unserer Performance in der Fertigung.", schmeißt Ulli nun in die Runde.

„Womit wir wieder beim immer während Thema sind. Es ist nicht die Performance der Fertigung. Es sind die schlechten Marktpreise, die seit ein paar Jahren herrschen.", verteidigt Eddy. „Außerdem steigen die Anforderungen der Kunden im selben Maß, wie die Preise sinken."

„Volle Zustimmung!", meldet sich nun auch Quintus.

„Ok! Wenn das so ist, und der Vertrieb mit seinen Preisen schuld ist, warum haben wir dann in den vergangenen Jahren mit Lean, ToC und Qualitätsoffensiven immer versucht die Fertigung besser zu machen? Dann wäre doch eine Vertriebsschulung besser gewesen!", gibt Ulli sofort Kontra.

„Meine Damen, meine Herren, beruhigen Sie sich wieder!", bremst Herr Steinbeck. „Denken Sie an die sechs Widerstandsebenen. Wir sind uns bereits auf Ebene eins nicht einig. Sie haben unterschiedliche Probleme. Wie soll das funktionieren?"

„Sie haben, wie immer, Recht", muss ich zugeben. „Können wir uns darauf einigen, dass *unser Problem die schlechte Rendite* ist? Das Ziel ist klar, diese muss besser werden. Aber das Problem ist doch zunächst, dass diese schlecht ist, oder? Die Lösungen, im Vertrieb nach dem Rechten zu schauen oder die Fertigung leistungsfähiger zu machen oder beides, wären ja nun der nächste Schritt."

„Da liegen Sie genau richtig.", stimmt Herr Steinbeck zu. „Wie sehen es die Anderen?"

Alle schauen sich gegenseitig an, zaghaft nickt der Erste, dann der Zweite und plötzlich sind alle derselben Meinung.

„Ok, aber nun komme ich. Die Lösung ist *die Fertigung muss besser werden. Die Kosten müssen runter.*", feuert Ulli sofort wieder los.

„Dann muss aber ein weiterer Punkt sein, dass der *Vertrieb bessere Marktpreise realisieren* muss.", gibt sich Eddy noch nicht geschlagen.

„Das habe ich mir notiert, aber bevor wir uns in zu vielen Punkten verlieren, bleiben wir zunächst beim

Ersten.", fängt uns Herr Steinbeck wieder ein. „Die Fertigung muss besser werden. Hier hatten Sie bereits einige Maßnahmen genannt. Wären diese nach wie vor eine Option und nur die Einführung war schlecht, oder sind die Maßnahmen rückblickend betrachtet die Falschen?"

„Sagen wir mal so, jede für sich ist eigentlich gut. Aber zusammenpassen tun diese nicht.", antwortet Eddy.

„Das ist so nicht ganz korrekt. Lesen Sie bitte einmal das Buch Velocity. Qualität, Lean und ToC passen hervorragend zusammen.", gibt Herr Iwersen zu bedenken. „ Das Buch war damals zentrale Lektüre bei der Einführung. Eigentlich sollten Sie das gelesen haben."

„Entschuldigen Sie Herr Iwersen, aber bei der Einführung hatte ich in der Fertigung nun wirklich genug zu tun. Ein Buch konnte ich da nicht auch noch lesen.", verteidigt sich Eddy.

„Sehen Sie, das ist einer der Punkte. Wenn wir nicht fokussiert auf ein Thema sind wird das auch dieses Mal nicht funktionieren.", gibt Herr Iwersen zu bedenken.

„Da haben Sie den Nagel auf den Kopf getroffen!", pflichtet Ulli bei.

„Lassen Sie mich mal wieder etwas Struktur in unser Gespräch bringen.", muss Herr Steinbeck erneut eingreifen. „Heute scheinen die Emotionen ja wieder kräftig zu kochen. Für mich, als Außenstehenden, bitte ich Sie, mich mal abzuholen. Wir sind uns wieder einig, dass eine Teillösung ist, die Fertigung zu verbessern.

Dafür haben wir in der Vergangenheit mehrere Projekte gestartet, aber leider mit mäßigem Erfolg. Den Grund dafür kennen wir, das haben wir ja schon erörtert. Direkte Frage in die Runde, welches der Projekte müsste nochmals aufleben und besser umgesetzt werden?"

„Nun ich denke die ToC war von allem das Vernünftigste.", beginnt wieder Herr Iwersen.

„Aber so schlecht war Lean ja nun auch nicht.", kontert Eddy erneut.

„Ich gebe Ihnen Recht. Ich verweise aber erneut auf das Buch von vorhin. In der Kurzform, ich muss meinen Engpass eindeutig identifizieren. Wenn ich das geschafft habe, helfen mir die Lean Werkzeuge diesen zu optimieren. Aber Lean mit der Gießkanne ist verschenkte Liebesmühe. Oder anders gesagt, die ToC hilft die richtigen Dinge zu tun und Lean hilft dann dabei die Dinge richtig zu tun."

„Hört sich gut an, dann stimme ich mit Ihnen überein.", gibt Eddy nach.

„Aber geht das nicht gegen unseren neuen Grundsatz der Fokussierung?", will Ramona nun wissen. „Wir wollen zwei Verbesserungsprojekte aus der Vergangenheit wieder aufleben lassen, das ist nicht fokussiert!"

An dieser Stelle greife ich nun ein: „Im ersten Moment wollte ich dir Recht geben. Aber nochmal darüber nachgedacht müssen wir das von einem anderen Standpunkt betrachten. Wir haben ein Problem und auf dessen Lösung müssen wir fokussiert bleiben. Wenn, in unseren Augen, die Lösung ist, eine Kombination aus ToC und Lean einzuführen, dann sind wir fokussiert.

Nämlich darauf, diese Kombination einzuführen. Ist vielleicht im ersten Moment etwas gewöhnungsbedürftig, aber das ist so!"

„Absolut korrekt. Erneut genau den Punkt getroffen.", lobt Herr Steinbeck. „Wäre es nicht ein Verbrechen nur zu Gunsten der Fokussierung die eventuell beste Lösung nicht umzusetzen?"

„Punkt für Sie!", gibt Ramona zu.

„Also fasse ich nochmals zusammen.", fügt Herr Steinbeck die Puzzleteile zusammen. „Wir haben das Problem identifiziert. Wir haben eine *zu schlechte Rendite*. Einer der Lösungswege ist *die Fertigung zu optimieren*. Hierfür ist die Lösung ein kombiniertes System aus ToC und Lean einzuführen, korrekt?"

Wiederum nicken alle. Emilia hält sich raus, da Sie nach eigener Aussage zu wenig darüber weiß, um hier bei der Entscheidung mitzuwirken.

„Ist denn diese Lösung auch nachhaltig?", will Herr Steinbeck nun wissen.

„An diesem Punkt müssten wir doch den Lösungsweg, den wir die letzten Male erarbeitet haben einfügen, oder?", meldet sich nun Emilia. „Schließlich hatten wir dort das Problem, dass Verbesserungen nicht gut umgesetzt werden. Die Lösung, die wir dort erarbeitet haben, wäre doch hier die Lösung für die Nachhaltigkeit!"

Ich bin erstaunt. Soweit hatte ich nicht gedacht, aber Emilia hat absolut Recht.

„Du bist Genial.", muss ich zu Emilia sagen. „Das ist überhaupt das Generalrezept für alle Verbesserungsmaßnahmen. Das *Management muss es Vorleben, die*

Mitarbeiter mit einbezogen werden und *die Fokussierung muss aufrechterhalten werden.*"

„Schön, ich merke, dass die Gruppe so langsam den vollen Durchblick hat. Es geht nicht mehr lange und Sie werden die Probleme in Ihrem Unternehmen im Griff haben!", freut sich Herr Steinbeck sichtlich. „Ich denke nun haben wir uns eine Pause verdient. Wir haben das Kernproblem und dessen Lösung schon so gut wie zusammen."

Mit diesen Worten begibt sich Herr Steinbeck zur Kaffeemaschine und stellt seine Tasse unter. Quintus greift nach seinem Handy, wählt eine Nummer und verschwindet aus dem Besprechungszimmer. Ich verlasse das Besprechungszimmer auch, jedoch will ich nur schauen, ob die belegten Brötchen schon im Haus sind. Als ich durch die Türe in den Flur komme sehe ich auf der Vitrine, rechts neben der Tür, bereits zwei Tablets mit belegten Brötchen stehen. Auf einem sind die Brötchen mit Wurst belegt, auf dem anderen mit Käse. Alle sind mit Paprika und Essiggurke garniert. Vorsichtig ziehe ich die Frischhaltefolie ab und trage dann die Tabletts ins Besprechungszimmer. Emilia steht bereits am Schrank, ohne dass ich ein Wort sagen muss. Sie holt für jeden Teilnehmer einen Teller heraus. Nun steht auch der Rest auf und greift nach einem der Teller. Wie in jeder Pause geht es auch in dieser wieder ums Projekt und so unterhalten wir uns die nächsten 40 Minuten sehr angeregt.

„Schön. Wir haben schon eine ganze Menge geschafft. Die Nachhaltigkeit konnten wir vor der Pause noch sicherstellen.", beginnt Herr Steinbeck nach der Pause. „Was ist nochmals die nächste Ebene?"

„Das ist die Angst vor negativen Nebeneffekten.", antwortet Ramona.

„Gut, also machen wir uns mal darüber Gedanken.", fährt Herr Steinbeck fort.

„Brauchen wir doch eigentlich nicht. Über die Ebenen vier, fünf und sechs haben wir uns doch die Gedanken schon gemacht.", greift Emilia erneut ein. „Wir haben letztendlich beim ersten Mal einen Ablauf entwickelt, der nun nahtlos in den anderen eingreift."

„Ja genau! Wir haben diesmal das Problem bloß eine Ebene weiter oben angepackt.", fügt Quintus hinzu.

„Meine Damen und Herren ich bin begeistert. Wir haben gerade die Lösung für ein Problem, das tiefer angesiedelt war nach oben projiziert und damit das übergeordnete Problem gelöst.", lobt Herr Steinbeck. „Ist Ihnen klar, was wir für einen Schatz gehoben haben? Albert Einstein äußerte einmal den klugen Spruch: *Probleme kann man niemals mit derselben Denkweise lösen, durch die sie entstanden sind.* Sie haben genau das gemacht. Wenn Sie dies nun in einem generellen Ablauf festhalten können, wird jeder im Unternehmen seine Problemlösung so angehen können."

In der Runde bricht wahre Euphorie aus. Man kann die positive Energie richtig spüren. Auch ich werde von einem wohligen Gefühl regelrecht geflutet. Das ist toll. So muss sich eine Fußballmannschaft fühlen, wenn Sie den Pokal in Händen hält.

„Ich weiß, dass es zwischen Ihnen in der letzten Zeit deutliche Spannungen gab.", beginnt Herr Steinbeck wieder sachlich. „Aber ich spüre auch die Energie, die jetzt herrscht. Zum ersten Mal, seit wir zusammenarbeiten habe ich das Gefühl wirklich alle haben dasselbe Problem und die dazugehörige Lösung vor Augen. Ich, für meinen Teil, habe Ihnen alles beigebracht, was ich wusste. Ich hoffe, ich war ein guter Moderator?"

„Sie waren überaus gut. Bis vor einigen Wochen dachte ich noch nicht, dass wir auch nur im Ansatz etwas bewegen können, aber nun bin ich völlig überzeugt.", bedankt sich Herr Iwersen.

„Ich würde sagen, Herr Steinbeck, die Einführung in diese Denkweise übernehmen Sie in Workshops mit allen Mitarbeitern. Was halten Sie davon?", schlage ich vor.

„Sie können das sicherlich genauso gut. Jeder von Ihnen.", antwortet Herr Steinbeck.

„Vielleicht. Aber Sie sind zum einen extern, das wirkt immer besser, und zum anderen durch die unkonventionelle Tatsache, dass Sie Hundetrainer sind konnten Sie diese Gruppe dazu bewegen die Komfortzone zu verlassen. Ich denke Sie haben schlicht mehr Wirkung.", bitte ich erneut.

„Wenn Sie das so sehen, freue ich mich auf die nächsten Workshops mit den Mitarbeitern. Ich werde mein Bestes tun. Eine Bitte habe ich aber noch.", schwenkt Herr Steinbeck ein.

„Aber natürlich, so ziemlich alles.", antworte ich mit einem Nicken.

„Nun, unter dem Punkt *das Management muss das Wollen vorleben* hätte ich gerne, dass bei jeder der Schulungen einer von ihnen dabei ist. Ich wirke vielleicht bei der Wissensvermittlung, aber Sie wirken mit dem Wollen!", stellt er seine Forderungen.

Ich blicke in die Runde und schaue jeden für einige Sekunden an. Jeder der Teilnehmer nickt mir zu, selbst Herr Iwersen.

„Ich denke das lässt sich machen. Schön, ich freue mich, dass der Weg hier noch nicht zu Ende ist.", ergänze ich.

Der Arbeitstag neigt sich schon wieder dem Ende zu. Diese Sitzungen hatten mich bisher ziemlich angestrengt. Am Abend nach einer solchen Ganztagsschulung war ich bisher immer sehr müde. Heute scheine ich durch diesen positiven Abschluss eher an Energie gewonnen zu haben. Meine E-Mails lasse ich für heute liegen, das wird Morgen noch reichen. Auf dem Flur spreche ich noch eine ganze Zeit mit Herrn Iwersen. Die Entscheidung ihn ins Team zu holen war absolut die Richtige.

Es dämmert bereits leicht, als ich das Büro verlasse, obwohl es noch gar nicht so spät ist. Aber die Tage werden eben wieder kürzer. Der erste Griff im Fahrzeug geht zur Sitzheizung, es ist herbstlich kalt geworden.

18

Zum Glück ist der Schnee für diese Saison schon wieder auf dem Rückzug. Der Winter war hart genug und die kalte Periode dieses Jahr besonders ausgeprägt. Umso schöner ist es nun, die täglich kräftiger werdende Sonne zu spüren.

Heute ist der große Tag. Obwohl der Schnee das Üben mit Henry in diesem Winter des Öfteren schwer gemacht hat, konnte nichts Olivia davon abbringen Henry und sich auf die Begleithundeprüfung vorzubereiten. Wenn alles funktioniert, wie Olivia es sich vorstellt, dann wird Henry heute diese Prüfung ablegen. Oder besser gesagt, wenn ich so auf die Uhr schaue, dann müsste er diese bereits bestanden haben. Nate und Selina sitzen vor dem Fernseher, allerdings horchen Sie bei jedem vorbeifahrenden Auto sofort auf. Es könnte ja Olivia sein und die Beiden sind mindestens genauso gespannt wie ich. Selbst wenn er die Prüfung heute nicht besteht ist dies kein Weltuntergang. Die Veränderung in seinem Wesen ist bereits Gewinn genug. Er ist ruhiger und deutlich ausgeglichener. Alles, was Herr Steinbeck sagte, war korrekt. Ein Hund mit dem Wesen von Henry benötigt zwingend klare Strukturen. Durch das Training für die Prüfung musste er seinen Kopf beinahe täglich anstrengen, das hat ihm richtig gut getan. Aber bevor ich den Teufel an die Wand male, diese Urkunde hätte ich schon gerne. Immerhin haben wir in einem Familienrat entschieden, dass diese Urkunde über dem Hundekorb von Henry aufgehängt wird. Außerdem hat er sie sich verdient.

Selina erkennt das Motorengeräusch von Olivias Kleinwagen als Erste. Sofort springt Sie von der Sitzgarnitur auf und rennt zur Haustüre. Nate folgt ihr auf dem Fuße.

Olivia kommt gerade vor der Garage zum stehen, da sind beide Kinder bereits vor dem Haus. Natürlich, war mal wieder keine Zeit die richtigen Schuhe anzuziehen. Ich versuche mich nicht aufzuregen. Trotzdem rufe ich die beiden ins Haus zurück. Die Schuhe, die die beiden für drinnen an haben sind kaum wasserdicht und haben eine dünne Sohle. Mit diesen erkälten sie sich noch im Schnee. Widerwillig kommen beide zurück, während Olivia an den Kofferraum geht. Dort sitzt Henry bereits und wedelt aufgeregt mit dem Schwanz. Ich stehe im Türrahmen der Haustüre und winke Olivia zu. Nate und Selina ziehen in der Zwischenzeit in Windeseile ihre richtigen Schuhe an. Bis die Beiden jedoch die Schnürsenkel gebunden haben ist Olivia mit Henry bereits bei mir angekommen. Ich begrüße Sie mit einem Kuss während Henry an uns beiden vorbei rennt, um die Kinder zu begrüßen. Die wilde Begrüßung endet, wie so oft, in einem Dreierknäul mit Selina, Nate und Henry auf dem Boden. Olivia und ich müssen herzlich lachen. Die drei sind ein Bild zum Schreien. Nach der Begrüßung gehen wir ins Esszimmer. Die beiden Kinder lassen Olivia nicht eine Sekunde ankommen und fragen sofort nach dem Ergebnis. Ich hingegen gehe in die Küche und mache erstmal einen Tee. Bei der Begrüßung konnte ich spüren, wie kalt es Olivia war. Wenige Minuten vergehen und Olivia spannt die beiden auf die

Folter. Sie will erst mit der Sprache raus rücken, wenn ich mit dem Tee wieder zurück bin. Henry ist das alles egal, er liegt bereits auf seinem Teppich und hat einen seiner zahlreichen Kauknochen, die überall herum liegen, in Bearbeitung.

„Ok Schatz, ich glaube nun musst Du aber erzählen, sonst explodieren unsere Beiden vor Neugierde!", beginne ich zu sprechen, während ich aus der Küche komme.

„Na dann. Es war ganz schön anstrengend.", erzählt Olivia. „Schon von Anfang an hatte Henry regelrecht Hummeln im Hintern. Er wollte auf kein Kommando hören. Da dachte ich, dass wir am besten gleich wieder heimfahren sollten. Auch die nächsten zwanzig Minuten benahm er sich noch so."

Gespannt schauen die beiden Kinder Olivia an. Offenbar hatte Sie schon lange keine so spannende Geschichte mehr zu erzählen.

„Und?", will Nate wissen.

„Nun, wir mussten nicht beide von Anfang an ran.", fährt Olivia fort. „Zuerst war der theoretische Teil an der Reihe. So konnte sich Henry etwas beruhigen. Draußen, bei der Aufstellung, waren die anderen Hunde schon in voller Konzentration. Spielaufforderungen von Henry wurden nicht beachtet. Das brachte dann letztendlich auch Henry zur Ruhe.

Zuerst mussten wir den Parcours laufen, den ihr alle ja schon beim Üben gesehen habt. Hier war Henry vorbildlich. Da will ich mich gar nicht beschweren. Aber nach dem ersten Durchgang mussten wir dasselbe nochmals ohne Leine durchführen. Da war es dann nicht mehr ganz so einfach. Zweimal wäre mir der Herr fast ausgebrochen. Das wäre eine Katastrophe gewesen. Zum Glück hat ein scharfer Blick in beiden Situationen gereicht."

Olivia beginnt laut zu lachen: „Vermutlich hat er gemerkt, dass ich daheim ziemlich sauer auf ihn sein würde, wenn wir ohne Zertifikat nach Hause gehen müssten."

„Der zweite Teil der praktischen Prüfung, die Außenübung, war dann auch wieder eine Zitterpartie.", fährt Olivia fort. „Ihr kennt ihn ja, fremde Menschen machen ihn neugierig. So auch in diesem Fall, aber was will man machen. So ist er halt. Allerdings hat er seine kleinen Ausreißer so charmant gemacht, dass der Richter meinte es wäre knapp, aber sein Wesen sei so positiv, dass er ihm den Schein gibt. Wir sind also ab heute im Besitz eines begleithundegeprüften Henry."

Die Kinder beginnen sofort lautstark zu jubeln. Henry schaut von seinem Knochen auf. Wenn er reden könnte würde er wohl fragen, ob wir noch alle klar sind. Olivia zieht inzwischen die Urkunde aus ihrer großen Handtasche, die neben ihr liegt. Ich lebe meine Gefühle mit etwas weniger Ausdruck aus. Mir reicht ein lächeln und der Blickkontakt zu Olivia.

„Dann hänge ich heute gleich noch die Urkunde auf, den Platz haben wir ja bereits festgelegt.", beginne ich.

„Das ist eine gute Idee!", erwidert Olivia. „Aber bevor wir das machen, wie war es denn gestern bei Dir im

Geschäft? Leider bist Du so spät gekommen, dass ich schon im Bett war und da ich heute früh raus musste hatten wir noch überhaupt keine Zeit darüber zu reden."

Ich kann mir mein Grinsen nicht verkneifen, habe ich doch die ganze Zeit gewartet, um es endlich erzählen zu können: „Es ist unglaublich, wir haben es tatsächlich geschafft."

Während ich zu erzählen beginne machen sich die Kinder aus dem Staub. Nate lässt noch ein *langweiliges Erwachsenengespräch* verlauten, dann sind die Kinder bei Henry auf dem Teppich angekommen und streicheln ihn, während er weiterhin genüsslich an seinem Knochen nagt.

„Also wie gesagt, wir haben es geschafft.", mache ich weiter. „Wir hatten gestern eine große Besprechung. Anwesend waren beide Iwersens, der Steuerberater Herr Taraschow sowie die komplette Führungsmannschaft. Nachdem wir nun gut ein halbes Jahr massiv an den Verbesserungen gearbeitet haben wollten wir die Karten auf den Tisch legen.

Ich wusste zwar, dass es besser geworden war, aber ich hatte natürlich die Befürchtung, dass der Effekt wieder nur von kurzer Dauer gewesen war.

Der erste Tagesordnungspunkt waren die Entwicklungen im Hinblick auf die Fertigung. Hier kam natürlich Eddy zu Wort. Er erzählte mit etwas Stolz, dass sich die Stimmung in der Fertigung völlig verändert habe. Während die Leute in den letzten Monaten vor dem Projektstart zunehmend schlecht gelaunt gewesen seien und die Fluktuation der Mitarbeiter sogar einen traurigen Höhepunkt erreicht habe, habe es sich inzwischen zum Positiven verändert. Das interessanteste, was er zu berichten hatte, war jedoch die Offenheit. In der Fertigung kämen nun plötzlich die Mitarbeiter und würden die Führungskräfte ansprechen. Diesen Punkt musste Quintus sofort bestätigen, selbst Reklamationsbearbeitung sei nun viel einfacher. Ich glaube, wir haben da etwas ganz großes angefangen. Durch unser Vorleben machen es die Leute nach. Wir erzählen den Leuten mehr und diese danken es mit demselben Verhalten. Jedenfalls hat Eddy mit ein paar Schaubildern aufgezeigt, dass die Einführung der ToC es uns tatsächlich ermöglicht hat, den Engpass zu finden. Interessant daran ist, dass wir diese Maschine niemals als Engpass gesehen hatten, bis wir uns auf die ToC endlich vollständig fokussiert haben. Nun ist es eigentlich so offensichtlich, ich verstehe nicht, warum wir das nicht früher entdeckt haben. Eddy sagte dann allen Teilnehmern, so wie zuvor wolle er nie wieder arbeiten. Es sei angenehmer, es würde mehr Spaß machen und man könne endlich wieder etwas bewegen. Die nächsten Folien zeigten den Erfolg unserer Kombination von ToC und Lean. Während Eddy uns in den Folien zuvor den Engpass klar aufgezeigt hat. Waren die folgenden Folien über die Optimierung des Engpass. Dafür hatte er vorher-nachher Kennzahlen aufgeführt. Da wir uns in den vergangenen Wochen und Monaten ja regelmäßig in Besprechungen abgeglichen hatten, waren diese Ergebnisse für den Führungskreis keine Neuigkeiten. Aber einer der

220

Herren Iwersen hatte hierbei ja nicht teilgenommen und was soll ich sagen? Dem ist das Gesicht ganz schön auf den Boden gefallen."

Während ich so ausführlich erzähle sehe ich die Freude meiner Frau in Ihrem Gesicht. Das ist neben der positiven Entwicklung dieser Besprechung gestern die schönste Belohnung.

„Und wie ging es weiter?", will Olivia wissen.

„Im Anschluss durfte Ramona etwas erzählen", führe ich weiter aus. „Wie Du ja weißt, haben wir sie damals als Anlaufstelle für die Mitarbeiter ausgewählt. Sie war so zu sagen die Vertrauensfrau für alle Mitarbeiter, die eine der Widerstandsebenen verspürten. Also ich meine, Sie ist natürlich immer noch die Vertrauensfrau.

Sie berichtete von zahlreichen Besuchen im Personalbüro. Die Leute seien interessiert und viele kamen sogar zu zweit. Wenn einer die Widerstände des anderen nicht zerstreuen konnte kamen beide zu Ramona. Sie berichtet von einem Selbstläufer. Auch sie konnte unserem Projekt abschließend nur positives abgewinnen. Zum Schluss bedankte Ramona sich sogar noch bei mir, weil ich sie zu Beginn des Projektes mit ins Team genommen habe.

Ach und so nebenbei, sie hat inzwischen 12kg abgenommen. Sie hat einfach die Widerstandsebenen für sich selbst durchgemacht und konnte einige Fehler in Ihren Diäten aufdecken. Wahnsinn kann ich nur sagen.

Tja und dann war Quintus dran. Sein Vortrag war etwas ernüchternd. Ich muss zugeben bei der Qualität hatte ich mir mehr versprochen. Quintus begann mit dem positiven Teil. Auch in seiner Abteilung scheinen alle zufriedener zu sein. Er bestätigte das angenehme Arbeitsklima und, wie schon zuvor, die Hilfsbereitschaft der Fertigungsmitarbeiter. In dieser Ausprägung habe er eine solche Hilfestellung noch nie erlebt. Was jedoch die Qualitätszahlen anging könne er keine signifikante Verbesserung feststellen. Die Reklamationszahlen wurden nicht weniger und der interne Ausschuss ebenfalls nicht."

Olivia erkennt auf einen Blick, dass meine Stimmung beim Erzählen deutlich nach unten geht und steuert sofort gegen: „Ach Konstantin mach Dir nicht schon wieder solche Gedanken. Du machst es Dir immer viel schwerer als Du müsstest. Das Projekt war ein 99,9% Erfolg und Dich stören die 0,01%, die Du nicht erreicht hast. Wie hat es der nächste Teilnehmer empfunden?"

„Du hast ja Recht.", muss ich zugeben. „Als nächstes war Ulli dran. Ihre Präsentation war vertriebstypisch aufgebaut. Als würde sie uns etwas verkaufen wollen. Zuerst erzählte sie von der düsteren Vergangenheit, von den vielen Termingesprächen, den unzufriedenen Kunden und, mit einem lächeln, von den vielen Streitereien zwischen Eddy und ihr. Anschließend erzählte sie dann von der aktuellen Situation. Nach wenigen Monaten habe sich dies drastisch geändert. Schon nach den ersten Schulungen der restlichen Mitarbeiter durch Herrn Steinbeck wären so viele infiziert gewesen, dass der Engpass in kürzester Zeit gefunden wurde. Die Zahlen die Eddy vorgestellt hatte bestätigte Ulli vollständig. Wir konnten den Engpass optimieren und so die Liefertermintreue erhöhen. Aber Ulli wäre nicht Ulli, wenn sie nicht noch weiter gemacht hätte. Sie machte aus der Besprechung eine Werbepräsentation für unser Projekt. Im Anschluss zeigte sie uns allen, wie die Zukunft aussehen könnte. Sie war überzeugt durch die höhere Liefertermintreue die Kundenbindung soweit zu steigern, dass sogar Preiserhöhungen und damit höhere Margen realisierbar wären. Du kannst Dir die Herren Iwersen vorstellen?"

„Na klar, die haben wohl fast Beifall geklatscht?!?", antwortet Olivia.

„So zu sagen. Aber das Beste kommt noch.", fahre ich fort. „Dann musste Herr Taraschow ran. Er hatte wieder die Aufgabe bekomme unser Unternehmen mit denselben Maßstäben zu analysieren, welche er für die erste Analyse nutzte. Wieder hervorragend gekleidet stellte er sich nach vorne. Diesmal hatte er sogar ein neues Notebook bei sich. Zur Einführung zeigte er im Schnelldurchgang nochmals die Folien von der ersten Analyse. Dann zeigte er die sechs Monate vor der Einführung bis zum Monatsabschluss vom Februar. Die Kurve ging diesmal steiler ins Positive als bei den anderen Projekten. Aber viel beeindruckender war, dass sich die Kurve immer noch in einem Abwärtstrend, also im positiven Sinne, befindet. Wir haben es geschafft die Kehrtwende bisher zu verhindern. Weißt Du was das heißt? Ich habe in nicht einmal einem Jahr das erreicht, was Herr Iwersen Jahre versucht hat."

Olivia lehnt sich voller Begeisterung zu mir rüber und umarmt mich. Ich könnte vor Freude platzen. Beim erzählen der Besprechung in allen Einzelheiten durchlebe ich nochmals alle Emotionen des gestrigen Tages. Ich bin überwältigt.

„Es wird aber noch besser.", erzähle ich weiter. „Als Herr Taraschow fertig ist übergibt er das Wort an mich. Eigentlich habe ich nichts mehr hinzuzufügen und so bedankte ich mich bei allen Mitarbeitern und bei den beiden Herren Iwersen für Ihre Geduld und Ihre Unterstützung. Aber was dann kam, damit hatte, glaube ich, niemand gerechnet."

„Nun machst Du mich aber wirklich mächtig neugierig.", antwortet Olivia.

„Also ich stehe vorne und bedanke mich, da klopft es an der Besprechungszimmertüre. Herr Iwersen stand sofort auf und ging zur Türe. Das kam mir schon echt komisch vor. Dann sehe ich wie er durch die Türe mit Emilia spricht und sie ihm etwas überreicht.

Einen Moment später drehte er sich zu mir um. Sein Cousin stand inzwischen ebenfalls. Mit einem freundlichen Grinsen übernahm er das Wort. Du kannst Dir vorstellen, wie ich da stand? Er bedankte sich bei mir. Ja mehr noch, er gab zu, dass sie mich absichtlich mit einer beinahe unlösbaren Situation konfrontierten. Zu Beginn des Projekts hätten sie noch gegen mich gewettet. Umso beeindruckender fanden Sie die Entwicklung in der Zwischenzeit. Herr Iwersen dachte, als ich Herrn Steinbeck als Coach holte, ich wäre verrückt geworden. Aber er wollte sehen wohin das führt. Mit einem Handschlag überreichte er mir dann einen Umschlag. Dieses Geschenk sollte als Dankeschön dienen. Der Umschlag enthielt eine Einladung in ein Vier-Sterne Hotel für ein Wochenende. Du und ich, wir fahren in ein tolles Wellness Wochenende. Was sagst Du?"

Spätestens jetzt ist Olivia nicht mehr zu bremsen. Ihre Freude ist durchaus mit meiner vergleichbar. Das merken dann sogar die Kinder und kommen neugierig ins Esszimmer.

„Was ist denn hier los?", will Nate wissen.

„Dein Dad und ich wurden von seinem Chef in ein Hotel eingeladen. Das heißt für euch ein Wochenende bei Oma und Opa.

„Aber Papa hat doch gar keinen Chef, der ist doch der Chef!", sagt Selina und schaut dabei ungläubig.

„Ja er ist der Chef, aber die Firma gehört ja noch jemand und derjenige ist im Prinzip der Chef von deinem Papa.", erwidert Olivia.

„Wartet mal, ich muss Eurer Mutter noch was erzählen", klinke ich mich wieder ein.

„Geht das etwa noch weiter?", fragt nun Olivia neugierig.

„Ja, das geht es.", erwidere ich. „Es ist zwar unglaublich, aber erinnerst Du Dich? Ich wurde mit einem Zweijahresvertrag eingestellt. Dieser Vertrag wurde gestern mit sofortiger Wirkung in einen unbefristeten Vertrag übernommen. Sie meinten, ich hätte in so kurzer Zeit so viel bewegt, da wären Sie interessiert zu sehen, was noch alles in mir und dem Unternehmen steckten wird. Tja und um das noch zu toppen wurden meine Bezüge um 25% erhöht. Was in einem Jahr alles passieren kann ist absolut unglaublich. Karrieresprung, Haustier, Begleithundeprüfung … unsere Familie ist unglaublich."

„Ja, das sind wir.", muss Olivia zugeben. „Ich gratuliere Dir von ganzem Herzen."

Von diesem Erfolg überwältigt beschließe ich mit der ganzen Familie Essen zu gehen. Ehrlich gesagt bin auch ich gespannt, was ich noch alles erreichen kann, wenn ich mich auf etwas fokussiere und stets bereit bin meine Komfortzone neu zu definieren…

Nachwort des Autors

Vielleicht haben Sie sich oder jemand anders in diesem Buch wiedererkannt. Wie ich Eingangs schrieb ist diese Geschichte zwar rein fiktiv, aber sie ist und bleibt eine Geschichte aus dem Leben.

Die Kernaussage des Buches habe ich etwas versteckt und glauben Sie mir, es war nicht einfach, das aus meiner Sicht zentrale Wort nie zu benutzen. Wenn es Sie interessiert was ich damit meine, gehen Sie das Buch nochmals von Beginn an durch. Sobald eine Romanfigur zum ersten Mal auftaucht notieren Sie den ersten Buchstaben des Namens.

Vielleicht teilen Sie ja meine Meinung.

Über Ihre Anregungen und Gedanken würde ich mich sehr freuen.

Ihr Sven Scharly